Robin Goodfellow

El marxismo en resumen.

De la crítica del capitalismo a la sociedad sin clases

Sumario

Prefacio 4

El desarrollo histórico del modo de producción capitalista. 7

Condiciones de existencia del modo de producción capitalista............ 7

Desarrollo del proletariado 8

Génesis de la clase capitalista 10

Los grandes momentos del desarrollo capitalista....................... 11

El maquinismo, la revolución industrial y el desarrollo de la
productividad. 13

Algunas nociones fundamentales de la teoría marxista.................... 16

Definición de la mercancía.. 16

Valor de uso y valor de cambio... 16

La fuerza de trabajo.. 18

La plusvalía o sobrevalor... 20

El salario 22

Los elementos que componen el capital..................................... 23

Plusvalía absoluta y plusvalía relativa. 25

Trabajo productivo e improductivo 27

Subordinación formal y subordinación real del trabajo al capital...... 30

Tasa de plusvalía, tasa de beneficio y baja tendencial de la tasa de
beneficio... 33

El ciclo de la acumulación.. 36

Relación económica y relación de explotación. 39

Beneficio y superbeneficio 40

Capital ficticio 41

Dinámica del capialismo e clases sociales..44

El descubrimiento de las mistificaciones capitalistas................... 44

Evolución de las clases sociales.. 44

Antiguas y nuevas clases medias 47

El papel de las clases medias modernas.. 49

Clase capitalista y propiedad de la tierra 52

Concentración y centralización del capital 52

Acumulación y crisis 54

Hacia la sociedad sin clases **59**

El proletariado y su alienación 60

Tras el modo de producción capitalista, el comunismo........................... 65

Las condiciones de la ruptura revolucionaria... 68

Conclusión **73**

Discourso de Louveira **74**

Introducción.. **75**

Texto del discurso... **76**

Prefacio

Tras la derrota de las grandes luchas proletarias de los años 20, la más prolongada contrarrevolución de la historia ha contribuido a obscurecer, incluso para los militantes, los fundamentos de la teoría revolucionaria. En sus representaciones estaliniana, socialdemócrata izquierdista o en las explicaciones que hacen de ella los representantes de la burguesía, el marxismo es desfigurado. Ya no tiene nada que ver con la potencia crítica de la sociedad burguesa, con la teoría científica que, a partir de mediados de los años 1840 explicita la génesis, el desarrollo y la muerte de esta sociedad y anuncia el fin de las sociedades de clases.

Con ocasión de la crisis que ha sacudido la economía capitalista en 2008-2010, una parte de la prensa burguesa internacional ha creído oportuno levantarse el sombrero ante Marx. Pero lo ha hecho saludando al "visionario" de las dificultades del capitalismo y no al revolucionario que demostró el vínculo íntimo entre crisis y necesidad de su superación. Gracias a que nos situamos en el punto de vista del proletariado, que defendemos su programa histórico, que le llamamos a constituirse en partido político distinto y opuesto a los otros partidos y a conquistar el poder político con el fin de instaurar una sociedad libre de las clases sociales y del Estado, del salariado, del dinero y de las categorías mercantiles, nosotros defendemos la carga revolucionaria de esta teoría, lejos y contra todo reconocimiento oficial o académico.

Esta pequeña obra, que resume lo esencial de la crítica comunista de la economía política trata de dar a todos los que buscan una crítica radical de la sociedad actual una visión sintética de la coherencia y de la potencia de la teoría revolucionaria. Apunta sobre todo a mostrar que el futuro comunista no es un ideal ni un simple deseo o una utopía, sino que está necesariamente inscrito en el mismo desarrollo de la sociedad burguesa que descansa sobre la explotación de la clase productiva: el proletariado.

El socialismo se ha convertido en una ciencia y debe ser estudiado como tal. La única escuela donde puede ser comprendido, transmitido y desarrollado es el partido proletario en el sentido histórico del término. Los autores de esta obra se reivindican íntegramente de esta tradición y no reconocen ninguna validez a las críticas del marxismo como a las "modernizaciones" operadas por los sabios burgueses o reformistas, los economistas y los profesores de universidad.

Se dirigen a una clase en lucha, que sabe por instinto lo que representa la explotación y que busca darse sólidos instrumentos teóricos para afrontar los combates del mañana.

Hemos ensayado el difícil ejercicio de "vulgarizar" un pensamiento científico complejo. El socialismo revolucionario es científico en el sentido en que da una explicación de la realidad, y militante en el sentido en que defiende apasionadamente la necesidad de la revolución. En ciertos casos, el vocabulario de ayer puede ser un obstáculo para la comprensión de los fenómenos que son descritos: por ejemplo, en la expresión fuerza de trabajo, la palabra fuerza remite a la física del siglo XIX, donde se utilizaba para describir lo que la física llama hoy en día potencia. Hemos conservado sin embargo el concepto, pero tratando de explicitarlo en el lenguaje de hoy en día, en que se podría traducir por capacidad de trabajo (lo que ya hacía Marx) potencial de trabajo. Al mismo tiempo, el riesgo de la "vulgarización" es el de reducir demostraciones complejas simplificando exageradamente ciertos conceptos o fenómenos.
El lector deseoso de profundizar ciertos aspectos de este libro puede dirigirse a nuestros textos más teóricos y disponibles en múltiples lenguas en nuestra página www.robingoodfellow.info y, evidentemente, dirigiéndose a los textos originales. En nuestros días, numerosas direcciones en Internet facilitan el acceso (no siempre en las mejores traducciones)

Para hacerlo más legible, hemos decidido limitar al mínimo las citas de Marx y Engels a algunas excepciones cuando la claridad de la formulación original es insuperable.

El marxismo es una ciencia y por ello una teoría viva, cuyos conceptos resisten perfectamente la complejidad del mundo contemporáneo (mientras que la economía política burguesa, por el contrario, por no hablar de su filosofía o de su sociología, es cada vez más estúpida); ello no impide que sea necesario hoy en día hacer un considerable esfuerzo para profundizar la teoría, afinar los conceptos, aplicarlos precisamente a los fenómenos del modo de producción capitalista actual, todo ello dentro del marco general, programático, definido por la teoría. Sin teoría revolucionaria no hay acción revolucionaria, decía Lenin; esto es más que nunca actualidad.

Säo Paulo-París-julio 2013

El desarrollo histórico del modo de producción capitalista.

El desarrollo sin precedentes de la economía capitalista y la atenuación de las crisis que ha seguido, en Occidente, durante treinta años, el fin de la segunda guerra mundial, el hundimiento de los falsos "comunismos" del Este, el despegue y desarrollo de nuevos países capitalistas en todos los continentes, y last but not least, la interminable contrarrevolución que desde los años 1920, ha reducido la influencia del comunismo revolucionario a una casi nada han podido hacer creer que el sistema capitalista había ganado su eternidad sobre la tierra.

Para los gobernantes, los economistas, los periodistas y otros representantes de la burguesía, no hay ninguna duda: nada puede hacerse fuera del capitalismo. La economía (capitalista, sobreentendido) parece haber devenido tan natural como el aire que respiramos; parece incluso imposible imaginar que una sociedad pueda trabajar, vivir, reproducirse, desarrollarse sin esas categorías que son el dinero, el mercado, el intercambio, el salario; que pueda vivirse utilizando los productos del trabajo sin que sean mercancías.

Sin embargo, todas esas categorías, de las que recordaremos las definiciones científicas dadas por el marxismo en el próximo capítulo, no son eternas; ellas no han existido siempre y el marxismo demuestra que se han convertido en obstáculos al desarrollo de la sociedad. Para desarrollarse, el capital ha debido transformar fundamentalmente las relaciones de producción (los rapports de producción) entre los hombres, las modalidades de la producción (el modo de producción) y crear las condiciones de su propio desarrollo. Este proceso estuvo lejos de ser pacífico e idílico.

Condiciones de existencia del modo de producción capitalista.

Marx se burla de los economistas burgueses que proponen una fábula virtuosa para explicar los orígenes de las fortunas que constituyeron las primeras bases del capitalismo mercantil. Ellas serían el fruto de un ahorro pacientemente acumulado por generaciones de emprendedores probos e industriosos, mientras que los que se dan al goce y los incompetentes se hallarían sin recursos y obligados a vender sus brazos. Evidentemente no es así como la historia ha producido las dos principales condiciones de la explotación capitalista: la existencia de una masa de brazos "sin fuego ni lugar", el proletariado, a un lado y una clase de capitalistas que monopolizan el dinero, los medios de producción y de subsistencia, que permiten asalariar a los primeros, al otro. Es por la expropiación, la intervención del Estado y una legislación sanguinaria para disciplinar y contener al proletariado naciente, por la rapiña, el robo, el pillaje, el homicidio y otras violencias, el trato de esclavos, el trabajo forzado, la deuda pública, las exacciones fiscales, las guerras comerciales, el proteccionismo, que se han instalado y desarrollado estas condiciones.

Desarrollo del proletariado

La estructura económica capitalista ha emergido de la disolución de la sociedad feudal. Era necesario un trabajador libre capaz de disponer de su propia persona, y para ello librarse de la servitud y del poder de las corporaciones.

La creación del proletariado es pues la concentración, en el otro polo de la sociedad, de una masa de hombres libres. Hay que entender aquí, "libres"…para vender su capacidad de trabajo a los detentores del capital. Debe existir una clase que posea otra cosa que "su trabajo en estado de potencia" y que encuentre frente a ella los medios necesarios para la existencia de su trabajo: los instrumentos, las materias primas, el lugar de trabajo. Contrariamente al artesano, que es a la vez propietario de sus instrumentos y ejecutante de la tarea, el proletario no puede hacer nada puesto que está de algún modo "desnudo" frente al capitalista. Se trata ahí de una separación radical de los medios de producción, separación que no hará más que reforzarse en el curso de la existencia del modo de producción capitalista.

En Inglaterra por ejemplo, existía, bajo el feudalismo, una parte de las tierras llamadas comunales, que no pertenecían a los señores, sino que permanecían como propiedad del pueblo, de los aldeanos.

Ahí podían pacer libremente los animales que les pertenecían o podían cultivar parcelas sin que hubiera una apropiación de tierra por parte de uno u otro aldeano que disfrutara de ellas (no ligada pues a una propiedad privada). En el siglo XVII, el movimiento llamado de los enclosures (cierre de las tierras comunales) fue estimulado por el estado, por medio de leyes votadas por el Parlamento. A través de este sesgo se efectúa la expropiación de una parte del campesinado, devenido disponible para venderse al capital.

En el capítulo 23 del libro I del *Capital*, destinado a la colonización (colonias de población), Marx utiliza este modo particular de expansión capitalista para demostrar que lo que hace el capital no son los medios de producción como tales, sino el hecho que éstos hallen frente a ellos una masa de proletarios desposeídos. Dicho de otro modo, para que haya producción de plusvalía, debe existir no solo capital, sino que éste halle frente a él una masa de proletarios desposeídos de todo. Como los economistas burgueses reconstruyen de forma idílica el pasado para explicar como nace la sociedad moderna, Marx se vuelve hacia los lugares donde la constitución de las relaciones capitalistas puede observarse a ojo desnudo: las colonias de población, donde el productor se halla aún en posesión de los medios de producción y de la tierra, cosa disuelta hace varios siglos en Inglaterra. Se ve ahí, dice, el "secreto de la economía política", en que sin expropiación del trabajador, la relación capitalista no puede funcionar.

En Europa, son la expropiación, la sumisión de las masas a la disciplina del trabajo en manufactura, las legislaciones sobre los pobres de los siglos XVII y XVIII, los castigos a los vagabundos y otras medidas coercitivas las que han sido utilizadas para crear y someter una masa proletaria cuya existencia es necesaria para el desarrollo del modo de producción capitalista. La historia de su expropiación y de su adiestramiento para encarcelarlos en las manufacturas ha sido escrita en letras de fuego y sangre. Pero sólo con la producción capitalista más desarrollada, la que sigue a la revolución industrial, la expropiación de la inmensa mayoría de la población rural se radicaliza, así como se consuma la separación de la agricultura y la producción doméstica (hilado, tejido).

Génesis de la clase capitalista

Para que se desarrolle el modo de producción capitalista, el dinero y las mercancías deben poder transformarse en capital. Dicho de otro modo, deben figurar a un lado el dinero, los medios de producción y de subsistencia y en el otro debe existir una clase de trabajadores libres. La existencia de ésta no crea por sí sola una clase de capitalistas. Ésta tiene múltiples orígenes. El granjero capitalista es su forma más antigua; emerge progresivamente. Después, como contragolpe de la revolución agrícola del fin del siglo XV y del principio del XVI, se abre un mercado interior para los productos industriales y favorece la existencia de una clase capitalista en este sector. Esta clase proviene, por una parte de los maestros de corporación, de los artesanos, o sea, asalariados que se transforman en emprendedores capitalistas, pero sobre todo de la existencia de una capital, legado por la Edad Media, que tenía rango de capital antes de la era capitalista: el capital mercantil y el capital usurario. Existía entre las manos de esos capitalistas una masa suficiente de dinero acumulado susceptible de transformarse en capital industrial, es decir, de comprar medios de producción y asalariar a una fuerza de trabajo libre.

A partir de estas "formas antediluvianas" del capital se desarrollan las expresiones del capitalismo moderno. Antes de esto, el capital mercantil juega principalmente un papel en el desarrollo del intercambio, puesto que especializa la función social del intercambio. Es decir, en lugar de que el productor de manzanas vaya a venderlas al mercado y compre seguidamente unos zapatos al productor de éstos (no estamos ya en el trueque, sino en un intercambio monetario), el detentor del capital mercantil hace de intermediario entre los diferentes actores de la producción. Una de las vías del desarrollo posterior del modo de producción capitalista será la centralización, por el capital mercantil, de los medios de producción en lugares centrales, los que favorecerá el aumento de la productividad del trabajo. Así, antes que al trabajo, el capital comienza por socializar los intercambios.

Así, desde el principio, el funcionamiento de la economía capitalista no es posible ni explicable sin hacer intervenir esta relación entre las dos clases antagónicas, donde una (la clase capitalista) sólo puede asentar su dominación sobre la otra (el proletariado) explotándola.

Vamos ahora a ver brevemente como, a partir de este primer impulso, se desarrolla el movimiento histórico del modo de producción capitalista.

Los grandes momentos del desarrollo capitalista.

El capital se despliega a través de la historia al profundizar sin cesar lo que ha determinado su aparición, a saber, valorizar el capital comprando una fuerza de trabajo capaz de producir más valor del que cuesta. Veremos con más detalle, en el segundo capítulo, como el trabajo científico de Marx ha dado las claves para explicar la extorsión de la plusvalía.

En el curso de su desarrollo, el capital no cambia de naturaleza, sino que cumple cada vez mejor lo que constituye su objeto: producir un máximo de plusvalía. Al hacerlo, la burguesía reúne y amplía los medios de producción, desarrolla la fuerza productiva del trabajo. Una de las consecuencias es la socialización de los medios de producción y de los productos del trabajo. Además, el modo de producción capitalista moderno abre la vía a un desarrollo ilimitado de la productividad del trabajo. Este desarrollo entra en contradicción con los objetivos limitados del capital, la busca de un máximo de plusvalía, y llama a otra sociedad de la cual ha puesto las bases. Una sociedad que ya no descansará sobre la explotación del trabajo asalariado.

En este movimiento, Marx distingue tres estadios que se han sucedido desde mediados del siglo XIV: la cooperación simple, la manufactura y la gran industria.

La producción capitalista supone, desde su origen, la explotación de una masa significativa de obreros, puestos bajo el mando de un mismo capital, el cual, tanto para hacer frente al anticipo de los salarios como de los medios de producción, debe haber alcanzado cierto volumen.

Esta organización garantiza que la fuerza de trabajo colectiva que coopera a la producción tendrá una productividad conforme a la media social y, por el hecho de las economías de escala, disminuirá los gastos en medios de producción (las obras por ejemplo). La cooperación de estas fuerzas de trabajo, la creación de un trabajador colectivo, permite igualmente ampliar el campo de los trabajos que pueden ser realizados bajo la égida del capital (grandes trabajos por ejemplo) y mejorar la productividad social. Esta cooperación simple que implica una producción a gran escala se reencuentra a lo largo de la producción capitalista, siendo característica de una cierta infancia de ella en la manufactura profesional[1] y la agricultura a gran escala.

Con el período manufacturero propiamente dicho, que se extiende alrededor de mediados del siglo XVI al último tercio del XVIII, se establece una cooperación que descansa sobre una nueva división del trabajo. Hemos visto que la revolución agrícola del fin del siglo XV y del principio del XVI había favorecido la producción manufacturera y es cuando la manufactura es la forma dominante del modo de producción capitalista cuando comienza verdaderamente la era capitalista. Sin entrar en el detalle de los diversos tipos de manufacturas, subrayemos aquí la especificidad de la división del trabajo propio del período manufacturero: el trabajador colectivo está constituido por la combinación de un gran número de obreros parcelarios. Al mismo tiempo, se observa una diferenciación y una especialización de los instrumentos de trabajo. Aun tendiendo a parcelar las tareas, a crear una jerarquía entre obreros cualificados y peones, a reducir los gastos de educación y a mutilar por una especialización a ultranza al trabajador, el oficio sigue en la base de la manufactura y el punto de apoyo de la resistencia del proletariado. Con el desarrollo de la producción manufacturera, esta base técnica estrecha entró en contradicción con las necesidades de la producción; para superarla ella alumbró las máquinas.

---

[1] Es decir, una manufactura que reúne uno o varios oficios sin modificarlos aún bajo la influencia de la división del trabajo. Esta manufactura está en el origen de la manufactura propia del período manufacturero

El maquinismo, la revolución industrial y el desarrollo de la productividad.

En la sección del "Capital", libro I, que trata de la gran industria, Marx destina un capítulo al "Desarrollo de las máquinas y de la producción mecánica". Comienza por recordar un punto fundamental del comunismo revolucionario: todo progreso de la fuerza productiva del trabajo es un progreso en la explotación de la fuerza de trabajo proletaria y en el refinamiento de esta explotación. Por consiguiente "el desarrollo del empleo capitalista de las máquinas" no es sino "un método particular para fabricar plusvalía relativa".

Los apologistas del progreso técnico deberán repasar esta lección, éste se ha vuelto directamente contra el proletariado. Es sinónimo de desarrollo de la plusvalía relativa, de incremento de la explotación de la fuerza de trabajo, sinónimo de valorización acrecentada del capital por el hecho del aumento de la plusvalía o sobrevalor[2].

El socialismo ha retomado el concepto de *revolución industrial* para definir este momento (que corresponde, en Europa, al inicio de la gran industria en el siglo XVIII, tras el paso por la manufactura) dónde la "producción mecánica" toma el relevo de la producción manual, en la que la herramienta es central. La herramienta, manejada ayer por la mano del hombre, se convierte en un componente de la máquina-herramienta. El obrero se servía antes de la herramienta, ahora sirve a la máquina. Mientras la producción seguía basada en la utilización manual de la herramienta, incluso reorganizando la producción como en el caso de la manufactura, existen límites al aumento de la productividad del trabajo. Con la máquina se abre la perspectiva de un desarrollo ilimitado de la productividad del trabajo.

La revolución industrial no se traduce en la creación de máquinas que son la prolongación de la máquina, sino por la eliminación del hombre del proceso productivo. Este fenómeno abre perspectivas

---

2 Para la definición de este término, ver más adelante, p. 20

grandiosas al desarrollo de la productividad del trabajo. Por una parte, el nombre de herramientas actuando simultáneamente puede ser multiplicada, por otra, la velocidad de ejecución es aumentada. El maquinismo se va haciendo con todas las ramas de la producción "que se entrelazan como fases de un proceso conjunto". Un progreso en una rama los conlleva también en otras, por ejemplo, la esfera del tejido y del hilado a gran escala exige progresos en la industria química para los tintes, y así sucesivamente. El modo de producción capitalista contribuye así a unificar todas las actividades humanas y a constituir un "sistema de metabolismo social universal" (Marx). Al unificar el tejido industrial, asociando todas las ramas de la producción, al desarrollar de manera considerable la productividad del trabajo, el capital crea las condiciones de una sociedad donde la producción colectiva, social, permitirá el libre desarrollo individual.

Pero esta lógica propia del desarrollo técnico no debe ser vista sólo desde el punto de vista interno a la máquina, ni como un movimiento separado de la forma social en la que se inscribe. Impulsado por el movimiento de valorización del capital, el movimiento de integración de las técnicas produce efectos sociales fundamentales para la evolución de la humanidad, empezando por la unificación de la clase productiva, el proletariado.

He aquí especialmente porqué el socialismo habla de revolución industrial con el fenómeno del maquinismo. No se trata solamente de una evolución tecnológica, de una nueva invención de la historia de la humanidad. Su llegada establece las bases materiales del comunismo al permitir un desarrollo ilimitado de la productividad y una reducción permanente del tiempo de trabajo necesario, al poner las bases para una sociedad de abundancia. Pero, ¡esto no es todo! El maquinismo induce un proceso de trabajo *específico* al modo de producción capitalista y crea de manera permanente el trabajo social asociado. Crea la clase de productores asociados que debe librarse de la dictadura del capital para poder acabar el potencial del maquinismo, para llevar a otro nivel, más elevado, el grado de la fuerza productiva del trabajo.

Potencialmente, en su mismo concepto, la revolución industrial induce la perspectiva de una sociedad sin clases, la sociedad comunista. Con la revolución industrial, la burguesía pone en marcha unas fuerzas productivas que entran en conflicto con el fin exclusivo y limitado de la producción capitalista: la busca del máximo de plusvalía. Este conflicto entre la tendencia al desarrollo ilimitado de las fuerzas productivas y las relaciones de producción propias del modo de producción capitalista se traducen por las crisis generales de sobreproducción (crisis catastróficas en el sentido en que la sociedad, por razones sociales, es devastada como en las catástrofes naturales) que recuerdan periódicamente que el tiempo de una nueva sociedad ha llegado. La tendencia de estas crisis es de ser cada vez más vastas y conducen a un derribo violento del capital.

A lo largo de la historia, el desarrollo de la humanidad se produce de manera contradictoria, a través de las sociedades de clases, los enfrentamientos y las contradicciones diversas. Durante todo este camino, la cuestión de la *productividad* social es central. Mientras la especie humana consagre una parte predominante de su tiempo a asegurar su subsistencia necesaria, no puede plantearse el socialismo, aún si, bajo la forma de movimientos milenaristas y utopías religiosas, la idea de una sociedad igualitaria halla su origen lejos en la historia. El modo de producción capitalista es el primero en el curso de la historia donde la productividad se desarrolla sobre una base social tal que permite vislumbrar una satisfacción de las necesidades sociales que vaya más allá de la simple reproducción de la especie.

Algunas nociones fundamentales de la teoría marxista

Definición de la mercancía.

Se designa *mercancía* todo objeto material o servicio producido con el fin de ser cambiado. La mercancía no ha existido siempre: las tribus indias de América del Norte, por ejemplo, no conocían la mercancía antes de la llegada de los colonos europeos. Los productos eran realizados y consumidos colectivamente. Entre las primeras apariciones de la mercancía y lo que conocemos hoy en día, se han desarrollado sociedades que eran sólo parcialmente mercantiles, es decir, únicamente para ciertas actividades (como en la Edad Media, en que los aldeanos pueden continuar viviendo sobre su propia producción). Sólo con el modo de producción capitalista se generaliza el reino de la mercancía.

Hoy en día, los objetos que utilizamos todos los días son mercancías, ya se trate de cosas tangibles, como nuestra comida, vestidos, muebles o servicios como los transportes en común o ciertos ocios. No hay que olvidar que la mercancía no concierne únicamente el consumo individual. Las máquinas, las materias primas, los locales de trabajo, las herramientas de trabajo y, particularmente, la fuerza de trabajo del asalariado misma son también mercancías. Es su modo de consumo el que difiere. Marx habla de *consumo productivo* para las mercancías que son consumidas en el proceso de producción.

Valor de uso y valor de cambio

Todas estas mercancías tienen una utilidad para los que las compran (puede discutirse la utilidad social de ciertos objetos o gadgets, pero esta no es ahora la cuestión) Se llama a esto su valor de utilidad, o más exactamente su *valor de uso*. El valor de uso de un objeto, de una mercancía, es aquello para lo cual me sirve y por lo que deseo poseerla. Hasta ahí, esta noción es perfectamente comprensible para todo el mundo. Queda preguntarse porqué se llama *mercancías* a objetos tan diferentes para su uso como un kilo de manzanas, un

DVD, un litro de gasoil, una llave de estrella, una máquina de pedidos numérica, una tonelada de cobre, una pantalla de ordenador, una hora de forfait de un portátil, una camisa…Queda también por saber porque, con 50 euros, puedo comprar un microondas, diez docenas de ostras, cincuenta kilos de clavos, dos martillos, diez resmillas de papel, un par de zapatos, seis plazas de cine, tres horas de limpieza etc.

La respuesta reside en el hecho que estos objetos (servicios) poseen otra dimensión que su valor de uso, que se llama *valor de cambio*. Toda mercancía tiene pues un doble carácter: a la vez un valor de uso y un valor de cambio. Este último está ligado únicamente al hecho de que los objetos no son producidos de entrada para la satisfacción de las necesidades sociales, sino para ser vendidos en el mercado. En la sociedad comunista, como en las primeras sociedades humanas, los objetos producidos tendrán siempre una utilidad social, pero ya no valor de cambio. Se trata de una sociedad que no conoce ya la mercancía.
Pero ¿qué es lo que hace que cantidades de objetos diferentes posean el mismo valor y que se puedan intercambiar?

La respuesta es la siguiente: dos mercancías tienen el mismo valor porqué contienen la misma cantidad de una substancia invisible en su forma concreta: el trabajo humano que es necesario para producirlas.

No se trata pues del trabajo concreto del sastre que ha hecho el vestido, del cultivador que ha hecho crecer las manzanas o del papelero que ha producido el papel, se trata del trabajo humano como actividad general. El *tiempo de trabajo* gastado para producir una mercancía es el que determina la magnitud del valor, del valor de cambio. Las mercancías se cambian entre ellas porque representan un volumen igual del mismo *trabajo general*, abstracción hecha de sus formas concretas. Opondremos pues el trabajo concreto, productor de valores de uso, al trabajo general, abstracto, productor de valor de cambio.

Pero este trabajo contenido en las mercancías debe efectuarse en condiciones sociales medias, que evidentemente varían históricamente y geográficamente en función de la evolución de las sociedades. Cuando decimos que el tiempo de trabajo es la medida del valor contenido en las mercancías, hablamos de un *tiempo de trabajo socialmente necesario*. En efecto, no es porqué un amante del bricolaje carpintero cree sus propios muebles que éstos podrán ser vendidos en el mercado por el valor correspondiente al tiempo de trabajo que ha invertido en producirlos. El valor de la mesa es calculado sobre la base del tiempo de trabajo medio socialmente necesario para producir un nuevo ejemplar de ella. Nuestro manitas ha pasado un tiempo privado netamente superior para fabricar su producto. Por ejemplo, si una mesa de calidad de uso comparable es vendida en la tienda por 200 euros, correspondiente a tres horas de trabajo social, y nuestro hombre ha empleado nueve para producir la suya, (comprendidas sus compras de material) no puede esperar para nada venderla por encima de estos 200 euros (y ciertamente no por 600 €, suma que representaría su gasto de trabajo valorado socialmente).

El doble carácter de la mercancía es algo que no aparece como evidente. La mercancía no deja ver de entrada que su valor está en proporción a la cantidad de trabajo humano socialmente necesario para su producción. Es más, su doble carácter aparece como algo natural. El valor de cambio que le está asociado y que disimula relaciones sociales particulares se presenta como una propiedad natural. Veremos más adelante la importancia del carácter mistificador de la mercancía.

La fuerza de trabajo.

¿Por qué hablamos de fuerza de trabajo y no de trabajo?

Cuando un obrero fabrica alguna cosa, puede reunir muchas materias primas u objetos, pero no tiene a su lado una caja o un cubo marcados como "trabajo" que contenga una substancia que sería "trabajo" y que se inyectaría en la producción. El trabajo no es una materia, no existe fuera de la fuerza que es capaz de producirlo, que es la capacidad humana, fuerza muscular e intelectual, que se moviliza para cumplir una tarea, sea recoger manzanas, reunir carrocerías de coches o calcular las estructuras de un puente.

Existe en la sociedad burguesa una mercancía que posee un valor de uso específico, la capacidad de producir más valor que el necesario para reproducirla. Esta mercancía es la *fuerza de trabajo*, es decir, la capacidad propia del hombre para movilizar su potencial intelectual y físico para efectuar las tareas productivas más variadas y, finalmente, transformar la naturaleza.

Así, lo que el capitalista compra al proletario no es su trabajo, sino esta mercancía particular, su fuerza de trabajo, su capacidad de trabajo, con el fin de consumirla, en la medida en que su valor de uso consiste precisamente en producir un valor suplementario, un valor extra, una plusvalía, un sobrevalor. Ninguna otra mercancía consumida durante el proceso de producción transmite al producto más que su valor, ni las materias primas ni las máquinas.

Para que la relación de intercambio exista, debe llegarse a una relación histórica en la que tenemos a un lado los capitalistas, que tienen el monopolio del dinero y de los medios de producción y de subsistencia y en el otro los proletarios[3] que han sido desposeídos de todo medio de producción y poseen por toda riqueza su fuerza de trabajo, que están obligados a cambiar contra un salario. Esto no ha sido siempre así (por ejemplo los indios de las antiguas tribus, los galos) y no lo es aún para los productores directos (campesinos, artesanos, etc.)

¿Como se define el valor de la fuerza de trabajo?

De la misma manera que todas las demás mercancías: por el tiempo de trabajo medio socialmente necesario para reproducirla. Antes de ser capaz de efectuar un trabajo productivo, un individuo ha sido criado, educado, formado. Además, todos los días debe comer, alojarse, vestirse, consumir electricidad, desplazarse… La suma de todas esas necesidades crea el montante global de lo que es necesario gastar para mantener esta fuerza de trabajo. Naturalmente, estas necesidades varían según los lugares y las

---

[3] En la antigua Roma, el proletario (proles) es aquél cuya única riqueza es su linaje.

épocas. La parte de ocio o de un consumo más acomodada puede varia, a la baja o al alza.

Hay numerosos ejemplos en la historia en los que se han hecho cambiar los hábitos alimentarios de las masas para bajar el coste de su mantenimiento, como favoreciendo la introducción de la patata, o haciendo beber a los obreros ingleses más té en lugar de leche.

Lo que hay que retener aquí es que la fuerza de trabajo es una mercancía. Como toda mercancía ella posee un valor de uso (la capacidad de producir mercancías, de ser fuente del valor y de la plusvalía) y un valor de cambio, que es determinado por la cantidad de trabajo medio socialmente necesario para reproducirla.

La plusvalía o sobrevalor.

¿Por qué decimos que la fuerza de trabajo, la capacidad de trabajo es una mercancía capaz de producir más valor del que cuesta a su propietario, el capitalista?

Porqué el tiempo de trabajo medio socialmente necesario para reproducir la fuerza de trabajo es inferior al tiempo de trabajo durante el que ella es explotada por el capitalista. Y porqué el valor de una mercancía no es otra cosa que el tiempo de trabajo necesario para su producción, el valor de la fuerza de trabajo es efectivamente inferior al valor creado a lo largo de una jornada o de un mes de trabajo. El capitalista paga el primero y se apropia el segundo. La diferencia entre los dos es lo que nombramos *plusvalía* o *sobrevalor*. Ella corresponde al trabajo no pagado suministrado por el obrero o *sobretrabajo*.

Por ejemplo, una capitalista que compra una jornada de trabajo de un proletario por 100 unidades monetarias, tiene el derecho a hacerle trabajar siete, ocho, diez horas o más según la legislación en vigor.

Supongamos que los elementos que hemos indicado más arriba y que son necesarios para la reproducción de la fuerza de trabajo representan el equivalente a una producción de dos horas, dicho de otro modo, que bastan dos horas de trabajo para que el capitalista sea reembolsado de su anticipo, ¿qué pasa al fin de la segunda hora? ¿Le dice el capitalista al proletario: "gracias, has trabajado bien, ahora puedes ir a descansar"? ¡Evidentemente, no! Aprovechará el contrato pasado para emplearlo seis horas más, en el marco de una jornada de trabajo normal, legal, por ejemplo, de 44 horas semanales en el Brasil (40 horas de hecho en numerosas empresas), 35 horas por semana en Francia (pero más horas en Inglaterra y en los Estados Unidos).

¿Y qué son esas seis horas para nuestro capitalista? Pura bonificación, trabajo que no ha pagado, trabajo gratuito, lo que hemos definido como sobretrabajo, tiempo durante el cual la plusvalía es producida.

Se ve ahí que las luchas por la reducción del tiempo de trabajo constituyen una componente importante de la relación de fuerzas entre la clase capitalista y el proletariado, puesto que conciernen el tiempo que puede ser destinado a la producción de plusvalía.

Se desprende ellos una consecuencia importante: incluso un capitalista respetuoso, que trata "bien" a sus obreros, que mantiene la jornada de trabajo dentro de los límites legales, que remunera de manera correcta la fuerza de trabajo, que es próximo a sus asalariados, incluso este capitalista, por virtuoso que sea, es un explotador puesto que hace producir trabajo gratuito, que no ha sido pagado.

Ahí está la fuerza del marxismo, que no es una moral, que se limitaría a la denuncia de las malas condiciones hechas al proletariado, sino una teoría cuya demostración tiene la fuerza de una verdad científica: la explotación es inherente a la relación social capitalista. Es por lo que, poco importa que el patrón sea "granuja" o no, hay que eliminarlo no como individuo, sino como representante de una relación social fundada en la explotación (y que ya ha cumplido su tiempo, veremos que con el alza de la productividad del trabajo, la burguesía entera se ha convertido, para Marx y Engels, en propiedad *inútil*).

El salario

Hemos visto que la fuerza de trabajo, como toda mercancía, tiene un valor, que este valor es determinado por el tiempo de trabajo medio socialmente necesario para su reproducción. Como toda mercancía, la fuerza de trabajo tiene también un *precio*, que es la expresión monetaria concreta del valor.

El valor de una mercancía es determinado socialmente por la cantidad de trabajo que ella contiene, pero a continuación su precio de mercado es función de la oferta y la demanda. Las mercancías son vendidas a un precio superior al valor si la demanda es fuerte, y por debajo de ella si es débil. Pero se trata de *variaciones* en torno a un valor que es determinado por el tiempo de trabajo social medio necesario para producir esta mercancía. De hecho, pero tan solo lo evocamos, la cuestión es más compleja. En efecto, en el marco del modo de producción capitalista, el precio de mercado de las mercancías no gravita en torno al valor sino en torno al precio de producción. El precio de producción es el precio que resulta de la igualación de las tasas de beneficio entre las grandes masas de capitales, pero estos mismos precios de producción se rigen por el movimiento del valor. Durante las crisis, cuando la demanda solvente cae para todas las mercancías, existe una tendencia a una baja generalizada de los precios; es una de la formas de la desvalorización que sufre el capital en las crisis de superproducción.

Lo mismo ocurre con la mercancía fuerza de trabajo. Lo que el proletario negocia como salario, es el *precio* de su fuerza de trabajo. Hemos visto que el valor de ésta está constituido por el tiempo pasado para producirla y reconstituirla. Por ejemplo, un mayor tiempo de estudios, una superior cualificación, pero también un uso más rápido de la fuerza de trabajo por el efecto de un alargamiento de la jornada de trabajo o del incremento de la intensidad del trabajo, tienden a aumentar el valor de la fuerza de trabajo. Pero también nos hallamos la oferta y la demanda, que causan la variación de los precios en torno a este valor medio. Si hay pocos obreros de la cualificación buscada para una demanda fuerte, la fuerza de trabajo tenderá a venderse por encima de su valor, o sea, a un precio más elevado; si por el contrario, hay muchos obreros, como en período de paro, los salarios tenderán a bajar, y la fuerza de trabajo será vendida a un precio inferior a su valor.

Independientemente del paro debido a las crisis, Marx muestra que el capital mantiene un "ejército de reserva industrial", una población supernumeraria cuyo papel es el de mantener una presión constante a la baja sobre los salarios.

En la búsqueda constante del máximo de plusvalía, la clase capitalista trata de rebajar el precio de la fuerza de trabajo por debajo de su valor, y de hacer bajar este mismo valor. Por ejemplo, en el siglo XIX, los capitalistas británicos elogiaban la frugalidad del obrero francés, mal nutrido y por ello, más barato. Ellos mismos, con la introducción de artículos más baratos en la alimentación trataban de reducir el valor de la fuerza de trabajo. Y Marx escribía: En nuestros días estas aspiraciones han sido superadas de largo, gracias a la concurrencia cosmopolita en la cual el desarrollo de la producción capitalista ha sumido a todos los trabajadores del globo. No se trata ya de reducir los salarios ingleses al nivel de los de la Europa continental, sino de hacer descender, en un futuro más o menos próximo, el nivel europeo al nivel chino"

Los elementos que componen el capital

Las nociones que hemos dicho más arriba: fuerza de trabajo, plusvalía, salario, son fundamentales en la crítica de la economía política, pero hay que ver asimismo el movimiento del capital en su conjunto, y las contradicciones que se manifiestan ahí para comprender porque y como está condenado históricamente.

El capitalista tan sólo avanza el salario. Para estar en condiciones de explotar la fuerza de trabajo y extorsionarle un máximo de plusvalía, debe disponer igualmente de medios de producción: máquinas, materias primas, energía, edificios y suelos, tierras en el caso de la agricultura… Es lo que Marx llama *capital constante*. Es llamado *constante* porque solo transmite su valor al producto en el curso del proceso de producción. Mientras que la parte avanzada para pagar los salarios es llamada *capital variable*, porque restituye un valor variable, más allá de su valor inicial. Pero esta parte del capital puede restituir un valor mayor, únicamente porque se intercambia contra la fuerza de trabajo, que es la única mercancía capaz de producir más valor que el que ha costado.

Así, una producción mercantil que sale todos los días de una fábrica estará compuesta de:

- una fracción del valor de las máquinas, más generalmente de lo que se llama *capital fijo* (la parte fija del capital constante) (este valor no se transmite de un solo golpe, sino poco a poco, es lo que nos economistas llaman el valor de amortización)
- el valor de las materias primas, los fluidos, etc. que entran en el producto; es lo que se llama la parte *circulante del capital constante.*
- el valor del salario pagado a los proletarios correspondiente al *capital variable*. Es la parte pagada de la jornada de trabajo. Marx la llama trabajo *necesario*.
- por fin, *la plusvalía* producida durante la jornada por estos mismos proletarios. Corresponde a la parte de la jornada que es sobretrabajo.

Así el valor de la mercancía se reduce, finalmente, a la cantidad de trabajo que ella contiene, es decir, la cantidad de tiempo de trabajo que ha sido necesario para fabricarla, con todos estos tramos confundidos. La materia prima que fue transformada ha sido también producida por trabajo y ha adquirido pues, en el modo de producción capitalista, un valor de cambio. Este valor (así como la fracción usada del capital fijo) va a sumarse a aquélla que es creada en la producción de la nueva mercancía. Marx dice que el valor de este capital constante se *transfiere* al producto.

Aquí se ve bien una de las dificultades a las que va a enfrentarse el capitalismo, y que abordaremos en el capítulo siguiente, al exponer el papel del maquinismo. Para hacer más productivo el trabajo, el capitalismo tiene tendencia a aumentar la parte del capital constante en la producción; pero esta parte no crea nuevo valor; tan solo transfiere el que ya existe.

La relación entre capital constante (c) y capital variable (v), expresada por la fórmula c/v representa lo que Marx llama la *composición orgánica* del capital. El hecho que esta composición orgánica se eleve (o sea, que la masa del capital constante crece en importancia frente a la masa de los salarios movilizada para ponerla en marcha), constituye un factor de contradicción en la producción capitalista, pues ella tiene como único objetivo la plusvalía, la cual sólo se produce a partir del trabajo vivo. Veremos más adelante las consecuencias que tiene esto sobre la tasa de beneficio y su evolución.

Pero ¿cuáles son los métodos que el capital puede emplear para empujar cada vez más lejos esta busca de plusvalía?

Históricamente, Marx distingue dos métodos: la producción de plusvalía absoluta y la de plusvalía relativa. Estos dos tipos de plusvalía no son necesariamente antagónicos. Pueden combinarse, y también reforzarse una a otra. En todo caso, la plusvalía absoluta sólo puede existir si existe un nivel suficiente en el grado de desarrollo de la fuerza productiva del trabajo y la plusvalía relativa si existe una duración suficiente de la longitud de la jornada de trabajo. Formando la base una de la otra, se distinguen por la evolución histórica de sus relaciones.

Plusvalía absoluta y plusvalía relativa.

En un primer tiempo, cuando el capital comienza a hacerse con la producción, a partir de la expropiación de los productores tradicionales (artesanos, campesinos, movimiento que estudiaremos más completamente en el tercer capítulo), comienza por *alargar la jornada de trabajo*. El trabajo en las economías agrarias era ciertamente rudo, y los años de malas cosechas difíciles, pero si bien los campesinos pasaban mucho tiempo en los campos, había también muchos tiempos muertos: pausas, desayunos, colaciones, trabajos de bricolaje en invierno… De alguna manera era un ritmo natural que dictaba la organización del trabajo y su desarrollo en el tiempo.

En el trabajo de la manufactura, que se desarrolla en Europa a partir del siglo XVI, este ritmo puede ser considerablemente transformado, y lo será aún más con el paso a la gran industria en el fin del siglo XVIII.

Una primera alza de la productividad es obtenida por el hecho de concentrar numerosas fuerzas de trabajo en un mismo lugar. Esta productividad acrecentada hace la manufactura más competitiva, aunque tan sólo retoma las técnicas utilizadas por los artesanos, concentrándolas y racionalizando su uso. Más allá, el único medio de aumentar la parte del trabajo no pagado es alargando la jornada de trabajo.

A la plusvalía, al sobrevalor que resulta de este alargamiento, Marx lo llama *plusvalía absoluta*. Por ejemplo, si la jornada de trabajo es de 12 horas y 6 son las necesarias para reproducir el valor de la fuerza de trabajo (trabajo necesario), hay que alargar la jornada de trabajo de 12 a 14 horas si se quiere ganar dos horas de sobretrabajo de más. Tendremos pues 6 horas de trabajo necesario y 8 horas de sobretrabajo. El tiempo de sobretrabajo, o sea la plusvalía, han sido aumentados en un tercio, sin tocar el tiempo de trabajo necesario, mientras que el desgaste suplementario de la fuerza de trabajo no es compensado.

Durante el período que precede la revolución industrial el capital no tiene otra opción que privilegiar esta forma de plusvalía. Pero sobre la base técnica limitada que prevalece en las manufacturas, no se puede alargar desmesuradamente el tiempo de trabajo. Además de los límites físicos, juegan igualmente los límites técnicos (por ejemplo, la ausencia de claridad suficiente para trabajar de noche) y los límites culturales, ritmos sociales y las costumbres que facilitan la resistencia a este movimiento.

Hay que esperar al maquinismo para que el capital pueda generalizar otros métodos para aumentar la cantidad de plusvalía. Al crear una base técnica que le es específica, con la máquina, al eliminar la mano del proceso de producción, el capital, a partir de la gran industria, se da los medios para aumentar la cantidad de plusvalía producida al bajar el valor de la fuerza de trabajo con el desarrollo de la productividad.

Marx llama plusvalía *relativa* a esta plusvalía que es obtenida ya no con el alargamiento de la duración absoluta del trabajo, sino disminuyendo el valor de la fuerza de trabajo o modificando la relación entre sobretrabajo y trabajo necesario, modificando pues las magnitudes relativas entre las dos partes de la jornada de trabajo, sin alargar la jornada de trabajo.

El trabajo necesario representa lo que es, justamente, *necesario* para que la fuerza de trabajo reproduzca su propio valor; más allá, produce plusvalía. Para permitir un aumento *relativo* de la parte destinada al sobretrabajo sin aumentar la duración del trabajo, es necesario que el tiempo pasado en la reproducción del valor de la fuerza de trabajo disminuya, o que el valor creado en el mismo tiempo aumente mientras que el valor (o el precio) de la fuerza de trabajo no progrese en la misma proporción.

Gracias a un aumento general de la productividad del trabajo, el capital puede disminuir el valor de las mercancías que entran en la reproducción del valor de la fuerza de trabajo; el valor de ésta baja, y por consiguiente lo mismo sucede con el tiempo necesario para reproducirla. Tomemos el caso precedente, dónde la jornada de trabajo es de 12 horas, con 6 de trabajo necesario y 6 de sobretrabajo. Supongamos que el alza general de la productividad del trabajo lleva la duración del trabajo necesario a 4 horas. El tiempo pasado para la producción de plusvalía será entonces de 8 horas en lugar de las 6 de antes. El capital habrá logrado aumentar el 33 % la masa de la plusvalía producida, sin tocar el tiempo de trabajo.

Igualmente, al aumentar la intensidad del trabajo, el capital aumenta el valor creado en el mismo tiempo. Mientras que el valor de la fuerza de trabajo (o su precio) sigue idéntico o no aumenta lo suficiente, la plusvalía se acrecienta.

Trabajo productivo e improductivo

Marx distingue, como hicieron antes que él bastantes economistas clásicos, como Adam Smith, el trabajo productivo y el trabajo improductivo. La definición del trabajo productivo en el marco de producción capitalista es muy clara: trabajo productivo es el que produce una plusvalía para el capital. Dicho de otro modo, la expresión "trabajo productivo" no significa un "trabajo que produce alguna cosa"; si así fuera cualquiera que hiciera bricolaje o un cocinero aficionado serían "productivos", sino *trabajo productor de plusvalía.*

Esta cuestión es crucial, pues es toda la problemática de la explotación, de la definición de las clases y de la lucha de clases la que se dibuja en el fondo. El proletariado, clase productiva, es también, en el modo de producción capitalista, la única clase explotada. A contrario, si existe un trabajo productivo, es que existe igualmente un trabajo improductivo y trabajadores improductivos. A contrario, pues cuando un trabajo no se cambia contra capital sino contra renta, no produce plusvalía, es improductivo. Por ejemplo, cuando el capitalista de una empresa de limpieza emplea diez asalariados que limpian los despachos de una empresa, nos hallamos ante un trabajo productivo. Pero cuando este capitalista utiliza su propia renta (que ahora no es capital) para emplear una mujer de la limpieza en su domicilio, no emplea trabajo productivo, puesto que, en el curso de su consumo, este trabajo no produce ninguna plusvalía.

Así, uno de los primeros criterios que permiten determinar si un trabajo (y por tanto un trabajador o un grupo de ellos, puesto que la individualización de la cuestión tiene poco interés en sí) es productivo o improductivo, es verificar si se ha cambiado contra capital o contra renta (es el caso, por ejemplo, de todo el funcionariado).

Pero el trabajo puede cambiarse contra capital, y desde este punto de vista reportar un beneficio al capitalista sin ser por ello productivo. Es el caso de todos los trabajos de la esfera de la circulación (bancos, funciones mercantiles del comercio, etc.) o de los falsos gastos de la producción (seguros, contabilidad). Por consiguiente, es productor de plusvalía y por tanto productivo el trabajo que se intercambia contra capital en la esfera de la producción material.

Se desprende de esto:

1° Si todo trabajador productivo es asalariado, no todos los asalariados son trabajadores productivos. El marxismo muestra que si el trabajo asalariado aumenta, en su seno es el asalariado improductivo el que progresa más rápido, y da una base material a la emergencia de las clases medias modernas, de las clases medias asalariadas. Las clases medias antiguas no provienen del modo de producción capitalista y tienden a desaparecer. Por otra parte, si bien no son productoras de plusvalía, pueden ser productoras de valor (por ejemplo, campesinos, artesanos)

2° El trabajo productivo no es asimilable al que produce un bien tangible, un objeto concreto.

3° El trabajo productivo no es asimilable al trabajo manual. El proletariado no comprende únicamente la categoría socioprofesional "obrero" o dicho de otro modo, el concepto de clase obrera en Marx no se reduce a los trabajadores manuales. El mismo tipo de confusión existe cuando se asimila el capital industrial únicamente al sector industrial propiamente dicho. De hecho, la agricultura como los servicios pueden depender del capital industrial y permitir la producción de plusvalía.

4° El trabajo productivo no es asimilable a la producción de objetos socialmente útiles. Los proletarios que producen armas u objetos de lujo producen plusvalía y son por tanto productivos. Igualmente, trabajo improductivo no significa inútil o socialmente nocivo. Por ejemplo, la sociedad comunista tendrá necesidad de una contabilidad social cuyo papel será tanto más importante cuanto que su coste relativo será mucho más bajo.

5° Es vano individualizar el trabajo productivo. Marx muestra que lo que caracteriza desde su más tierna edad a la producción capitalista, es la existencia de un trabajador colectivo (cf. Cooperación, manufactura y gran industria) que cumple la producción material.

6° La clase media asalariada no se caracteriza por un nivel de salario intermedio, como cree la sociología burguesa. Las capas superiores del proletariado o las fracciones más cualificadas pueden tener salarios superiores a muchos representantes de la clase media. Lo que las diferencia es el carácter productivo o improductivo del trabajo y no el nivel del salario.

Subordinación formal y subordinación real del trabajo al capital

En relación con la evolución (per no sólo por eso) del modo de producción capitalista, Marx emplea los conceptos de subordinación formal y subordinación real del trabajo al capital. Por trabajo se entiende aquí el trabajo asalariado productivo; se trata pues del modo en que el proletariado está sometido a la autoridad del capital.

¿Qué significan estos términos un poco complejos y cuya significación es regularmente falsificada?

Al principio, el capital tan sólo puede invertirse en lo que encuentra ya hecho como condiciones de producción en la sociedad de su época. El trabajo es entonces mayoritariamente realizado con herramientas cuya técnica permanece tradicional, como el torno para el hilado, el oficio de tejer, así como las herramientas a mano manipuladas en los oficios tradicionales (carpintería de obra, albañilería, carpintería, cerámica, zapatería…)

Uno de los papeles esenciales del capital es, en un primer tiempo, concentrar en un mismo lugar (taller, manufactura, más tarde, la fábrica) fuerzas de trabajo numerosas, ocasionando de hecho una mejora de la productividad general del trabajo (capítulo 1 sobre la cooperación simple) que prosigue cuando entra en juego la división técnica del trabajo. Esta elevación del grado de productividad del trabajo, que permite la cooperación simple y después la división del trabajo de la época manufacturera permiten aumentar la plusvalía relativa. Pero una vez instituidas estas organizaciones del trabajo, como la progresión de la productividad del trabajo es limitada, el crecimiento de la plusvalía solo puede ser obtenido en forma de plusvalía absoluta.

Globalmente, en este primer período, los procedimientos técnicos en vigor no son modificados fundamentalmente. El proceso de trabajo, los procedimientos de fabricación, permanecen idénticos o próximos a los que eran en el artesanado precapitalista. Es por lo que Marx habla de *subordinación formal del trabajo al capital*. En su forma, el proceso de trabajo es el mismo, pero está sometido al proceso de valoración del capital. Dicho de otro modo, la hiladora o el tejedor que trabajan con otros en el taller del capitalista realizan los mismo gestos por medio de las mismas herramientas, pero su relación social con esta herramienta y con el producto de su trabajo ha cambiado. Por bien que el proceso de trabajo sea heredado de las formas de producción anteriores a la producción capitalista, está ahora sometido al capital y a su objetivo exclusivo: producir un máximo de plusvalía.

Con la subordinación formal del trabajo al capital vemos crecer la escala de la producción. Un gran número de obreros se reúnen bajo el mando del capital. Esta subordinación formal del trabajo al capital corresponde pues a los orígenes del modo de producción capitalista y existe desde que los asalariados trabajan sobre la base de una tecnología precapitalista. La cooperación simple, como la época manufacturera, son propios pues de la subordinación formal del trabajo al capital, pues si bien su fin es producir siempre el máximo de plusvalía, el proceso de trabajo no ha sido fundamentalmente transformado.

Por ello, en el marco de una subordinación formal del trabajo al capital, una vez establecido el nivel de desarrollo de la fuerza productiva del trabajo, la plusvalía sólo puede ser producida bajo la forma de plusvalía absoluta. Sobre la base de las técnicas ya empleadas antes que el capital se haga con la producción, solo puede aumentarse la extracción de plusvalía, una vez situada la nueva organización que hace el trabajo más productivo, recurriendo a procedimientos como el alargamiento de la jornada de trabajo. La subordinación formal del trabajo al capital sólo conoce esta forma de producción de plusvalía.

Socialmente hablando, estamos ya frente al modo de producción capitalista plenamente establecido, es decir, en la relación social que encadena al proletario a un instrumento de trabajo que se presenta frente y fuera de él como *capital*. Desde este punto de vista, la subordinación formal del trabajo al capital es una forma general del proceso de producción capitalista. Pero técnicamente, este capital no ha modificado todavía las formas generales del proceso de trabajo; la tecnología no es aún específica, propia del modo de producción capitalista.

Pero con esta primera concentración de los medios de trabajo (a la vez el capital constante con las herramientas y las materias primas y el capital variable con los proletarios) y la división del trabajo que le sigue, se constituye la base para el desarrollo de un progreso técnico propio al modo de producción capitalista. Para ir más lejos en el movimiento de extracción de la plusvalía, no basta con hacer trabajar a los hombres más tiempo, hay que hacerles trabajar de otro modo.

Marx habla entonces de un momento en que el capital somete *realmente* al trabajo, es decir, que desarrolla una tecnología que le es propia, dictada por el objetivo específico del capital: la producción de un máximo de plusvalía, ya no heredado de las antiguas formas de producción.

Así la *subordinación real del trabajo* al capital es una forma intrínseca, propia del modo de producción capitalista, su forma más desarrollada. Ella engloba la subordinación formal del trabajo, pues en su dimensión general, que consiste en someter una cantidad importante de obreros al capital, ésta permanece a lo largo de todo el modo de producción capitalista. La subordinación formal del trabajo al capital tiene una dimensión específica y, por una parte, propia a una época histórica cumplida del modo de producción capitalista, pero también una dimensión general que perdura por todo lo largo de la historia de este modo de producción y que es englobado en el marco de la subordinación real. En cierto modo, la subordinación real del trabajo al capital sucede a la subordinación formal del trabajo al capital aun manteniéndola, y situándola a un nivel superior. Con la subordinación real del trabajo al capital, la producción de plusvalía *relativa* puede despegar, y con ella, el crecimiento extraordinario de la explotación del proletariado.

El modo de producción capitalista conoce así un movimiento histórico que le lleva a desarrollarse hacia un modelo cada vez más "puro", aun si este modelo no llega jamás a alcanzarse completamente en la realidad. El conjunto de las ramas de producción cae bajo la férula del capital, que se impone frente al productor independiente. Marx dice que el capital es "el valor en proceso", valor que se valoriza. Esta expresión, de naturaleza filosófica, es abstracta, pero este movimiento se encarna de manera muy concreta en la búsqueda insaciable de plusvalía, busca para la que el modo de producción capitalista va a poner en marcha las fuerzas productivas y tratar de hacerse con todos los resultados de la ciencia y del desarrollo técnico para ponerlas al servicio de esta valorización, de esta busca del máximo de plusvalía.

Es a través del desarrollo del maquinismo, con la revolución industrial, que se hacen posibles las formidables ganancias de productividad que el modo de producción capitalista pone al servicio de la producción de plusvalía y que el comunismo pondrá al servicio de la reducción del tiempo y de la aridez del trabajo para permitir a los humanos gozar de su tiempo libre sin temor al mañana.

Tasa de plusvalía, tasa de beneficio y baja tendencial de la tasa de beneficio.

Debemos entrar ahora más a fondo en el movimiento general del capital y comprender como los principios sobre los que se funda son los factores mismos de su disolución. En pocas palabras: cuanto más persigue el capital su busca de plusvalía, más obstáculos encuentra en el crecimiento de esta misma plusvalía.

Cuando relaciona el sobretrabajo con el trabajo necesario, la plusvalía con el capital variable, Marx habla de *tasa de plusvalía,* que se define por la ecuación pl/v (masa de plusvalía producida sobre capital variable avanzado). Mide el grado de explotación de la fuerza de trabajo por el capital.

Supongamos que el capitalista avanza 100 € de capital variable para una jornada de trabajo de 8 horas, y que 4 horas representan el trabajo necesario. Al fin de la jornada, el valor correspondiente al trabajo vivo realizado representa 200 €, y el capitalista podrá embolsar una plusvalía de 100 €. Diremos que la tasa de plusvalía es de 100 %.

Pero entre las condiciones de producción, el trabajo vivo, la fuerza de trabajo, no basta. Ella produce sólo porqué pone en juego trabajo muerto, bajo la forma de medios de producción (máquinas, materias primas…) que hemos calificado, según Marx, de capital constante (c).

Si relacionamos nuestros 100 euros de plusvalía producida, no sólo con los 100 € de capital variable (v), sino con la totalidad del capital avanzado, es decir c+v, no obtenemos el mismo resultado. Si el capital constante avanzado es de 100, hay que relacionar la plusvalía producida, que es también de 100, a 100 c + 100 v = 200

La tasa de plusvalía es siempre de 100 %, pero la *tasa de beneficio*, que se escribe pl/c+v, es decir, la plusvalía en relación con la totalidad del capital avanzado (c+v) no es más que del 50 % (100/200)

Vemos aquí que, por definición, la tasa de beneficio es inferior a la tasa de plusvalía.

Pero entre las condiciones de desarrollo del modo de producción capitalista figura el desarrollo del maquinismo y de la productividad del trabajo que le acompaña y que se traduce, como hemos visto, por una alza en la composición orgánica.

Supongamos que nuestro capitalista compra máquinas más caras que le permiten aumentar la productividad del trabajo y que necesitan menos obreros para su manejo. Paralelamente, permaneciendo todos los otros factores iguales, si la productividad aumenta, la masa de las materias primas y de los productos intermedios utilizados por una misma fuerza de trabajo aumenta igualmente. Así tendremos la situación siguiente (hecha abstracción de los efectos en retorno de la productividad):

200 c + 80 v + 80 pl

La tasa de plusvalía (pl/v) permanece del 100%, pero la tasa de beneficio ha caído al 28,5%.

Marx califica este fenómeno de *baja tendencial de la tasa de beneficio*. Es la ley más importante de la economía política[4]. Es tendencial porqué, como todas las leyes, su acción es modificada por circunstancias particulares. Conoce además contratendencias. Solo se manifiesta en el largo plazo y en ciertas circunstancias. Si no existieran contratendencias, el capitalismo se extinguiría rápidamente.

Entre estas contratendencias, Marx anota:

- el crecimiento de la explotación del trabajo, por el desarrollo de la productividad y de la intensidad del trabajo.
- la depreciación de los elementos del capital constante: el cálculo que hemos aplicado al valor de v, se aplica también a c. Supongamos que para construir una máquina, se necesitaban antes 50 horas y que ahora tan solo se necesitan 25. La parte de c representada por esta máquina ha disminuido a su mitad. Igualmente, si el alza de la productividad gana la producción de las materias primas y de los productos intermedios, su valor disminuye. El capital ha podido aumentar su *composición técnica*, frenando el aumento de la *composición valor*. Es por ello que para definir la composición orgánica del capital se dice que se trata de la composición valor en la medida en que refleja la composición técnica.
- la superpoblación relativa. Existe en la sociedad una población no empleada o débilmente empleada, que pesa sobre el progreso técnico puesto que el capital prefiere emplear trabajadores mal pagados antes que invertir en la modernización. Es el caso de las industrias de lujo en general, y la tendencia al desarrollo del lujo sigue al desarrollo del capital, principalmente para satisfacer las necesidades de las clases medias superiores. De manera general, el desarrollo de ramas que emplean más trabajo vivo que la media contribuye a contrarrestar la baja tendencial de las tasa de beneficio.

---

4 Para profundizar sobre este tema, ver Robin Goodfellow, « Aux fondements des crises. Le marxisme de la chaire et les crises »

El ciclo de la acumulación

La producción capitalista toma la forma de un recorrido circular, de un ciclo. Es el siguiente:

Dinero (capital dinero avanzado por el capitalista) – Mercancía (compra de los medios de producción y de la fuerza de trabajo) – Producción (producción de mercancías en el seno del proceso de producción) – Mercancía (mercancías salidas del proceso de producción, prestas a ser vendidas. Su valor es superior al valor de las mercancías del principio del proceso de producción pues incluye una plusvalía) – Dinero (realización del valor de las mercancías en dinero. Al fin del ciclo, el capital dinero es superior al capital dinero avanzado al comienzo del ciclo. Ha sido aumentado con la plusvalía)

El capitalista avanza el capital bajo forma dinero, lo convierte en medios de producción y en fuerza de trabajo, para llegar a una producción de mercancías. Pero ellas no le sirven de nada si no llega a venderlas. Dicho de otro modo, el movimiento de transformación del capital dinero en capital mercancía no tiene interés sin la continuación del movimiento: transformación, realización del capital mercancía en capital dinero, incrementado en la plusvalía producida.

Como indican las palabras "ciclo de acumulación", "circulación", se trata de un movimiento circular, en principio, sin fin. Pero nos equivocaríamos si no miráramos lo que pasa en los diferentes momentos del ciclo. Se puede establecer una comparación con el ciclo del agua. Puede pasar por todas las metamorfosis para que ciclo se cumpla, pero no es indiferente estudiarlo a partir de uno de sus estados antes que de otro. El agua, el vapor producido por la evaporación, las nubes, la lluvia y el agua de nuevo; se trata siempre de la misma materia (H_2O) que se manifiesta bajo formas diferentes.

Aquí es el capital el que se presenta bajo diversas formas y pasa de una forma a la otra. De la forma dinero a la forma de capital productivo (medios de producción y fuerza de trabajo), a la forma mercancía y nuevamente a la forma dinero.

En este movimiento el capital realiza su objetivo, su "fin supremo": producir el máximo de plusvalía. Es decir, el capitalista no trata de recobrar la suma que ha invertido en la producción, sino de recuperar una suma que sea superior.

No hay que olvidar que todo lo que reside tras estos objetos (el dinero, la mercancía) es capital. El capitalista echa su capital a la producción y éste se metamorfosea, cambia de forma sin cesar: un tiempo tiene forma de dinero, un tiempo de medios de producción (máquinas, materias primas, fuerza de trabajo), un tiempo una forma de mercancía destinada al mercado, antes de reencontrar la forma de dinero y así seguidamente. Si el ritmo es seguido y sostenido, no hay problema, pero si el tiempo entre dos metamorfosis se dilata, hay riesgo de ruptura del ciclo. Es lo que pasa con las crisis: si las mercancías producidas no pueden reconvertirse en dinero, y por tanto el capital no puede perseguir su ciclo para reencarnarse en dinero y ser reinvertido, se halla desempleado, y corre el riesgo de desvalorizarse. Es por lo que, para Marx, las crisis son crisis de sobreproducción: hay demasiado capital, demasiadas mercancías producidas que no pueden realizarse. Por un lado, si el capital dinero no obtiene bastante plusvalía, no tratará de acumularse. Ausencia de realización como ausencia de conversión del capital dinero en los elementos del capital productivo (medios de producción y fuerza de trabajo) dos aspectos del mismo fenómeno propios a las crisis generales de sobreproducción, es decir las crisis económicas propias del modo de producción capitalista más desarrollada (la primera fue en 1825)

Pero ¿qué va a hacer el capitalista de esta plusvalía si llega a realizarla? Si la gastara entera, no habría acumulación. Para perseguir su fin, la producción de un máximo de plusvalía, esta plusvalía debe ser, al menos en parte, capitalizada, es decir, retransformada en capital, para iniciar un nuevo ciclo de producción sobre una escala ampliada. Si, al principio, el capitalista disponía de una suma dada para lanzarla a la producción, hemos visto que era necesario que hallara frente a sí medios de producción y fuerzas de trabajo. Desde que dispone de una suma adicional para inyectar a su vez en la producción, es necesario que encuentre medios adicionales: otras máquinas, materias primas y otras fuerzas de trabajo.

Esto forma la base del movimiento del capital, de la acumulación del capital. Marx la llama reproducción ampliada, y la compara, retomando las palabras del economista burgués Sismondi, a una espiral.

Es así que se crean las condiciones del desarrollo de la sociedad capitalista. No basta con que haya dinero, este dinero debe hallar frente a él como emplearse útilmente, como capital.

Dicho de otro modo, en el mercado debe poder transformarse dinero en medios de producción y en fuerzas de trabajo. Hemos tratado, con la mercancía, la división del trabajo, condición sine qua non para que se efectúe el intercambio según un patrón común: su valor en función del tiempo de trabajo pasado para reproducirlos. Ahora reencontramos la división del trabajo, pero a una escala social. Deben existir ramas industriales que se completen: unas producen máquinas-útil, otras materias primas, componentes electrónicos, etc. Es necesario también el desarrollo de una clase de trabajadores libres susceptibles, al pasar bajo la autoridad del capital, de suministrar el trabajo productivo. Así el proceso de producción es igualmente un proceso de reproducción de las relaciones de producción capitalistas, un proceso de producción, de reproducción y de extensión de ellas. Y esta extensión se hace siendo cada vez más desfavorable a la clase productiva.

Los economistas burgueses, que precedieron a Marx, pero aún más los profesores de economía de hoy en día, no comprenden nada de esto. Piensan que el valor adicional que recupera el capitalista proviene de la esfera del comercio, que es porqué ha vendido más cara que su precio una mercancía por lo que puede embolsar una plusvalía o se imaginan que los medios de producción están dotados por sí mismos de la capacidad de producir valor, una máquina más rápida produciría más valor, una tierra más fértil también, nuevas invenciones, etc… Sin embargo, hemos visto que la plusvalía es creada en la esfera de la producción, por los asalariados productivos. No es un robo, sino el producto de la explotación de la clase proletaria.

Hay otro punto en que Mar critica a sus adversarios: los economistas. Éstos, como buenos defensores del derecho burgués, ven siempre la relación entre capitalista y obrero desde el punto de vista de la relación de dos personas que establecen un contrato. Pero no hay que considerar esta relación desde un punto de vista individual, sino mirar como se anudan las relaciones entre las dos clases, es decir, el conjunto de los capitalistas contra el conjunto de los proletarios.

La finalidad de este movimiento llamado acumulación del capital es la obtención del máximo de plusvalía. Para el capital es una necesidad absoluta ampliar permanentemente la producción desde que ésta se basa en su valorización; esto significa que un valor invertido en la producción sólo tiene razón de ser si lleva, a la salida del proceso productivo, un valor mayor (compuesto del valor avanzado y de la plusvalía). El capital, dice Marx, es un valor en proceso, valor que se mueve para incrementarse sin tregua; no puede ser de otro modo dentro de la lógica de la acumulación del capital.

Relación económica y relación de explotación.

La economía política burguesa, como el derecho del trabajo burgués, consideran la transacción que tiene lugar entre el obrero y el capitalista como una relación igualitaria de dos poseedores de mercancías que cambian su bien: en este caso, la capacidad de trabajo por un tiempo dado (la fuerza de trabajo), contra dinero (salario)

Pero bajo la igualdad de la transacción, el marxismo demuestra que yace la explotación y que esta relación de explotación se reproduce y se perpetúa. De un lado, el proceso de producción no cesa de producir y reproducir el capital; por el otro, el obrero sale de él como ha entrado: fuente personal de riqueza social, desnuda de sus propios medios de realización. Su trabajo, hecho propiedad del capitalista, sólo puede, evidentemente, realizarse en el proceso, en productos que escapan de su mano.

La producción capitalista, siendo al mismo tiempo consumo de la fuerza de trabajo por el capitalista, transforma sin cesar el producto del trabajo, no sólo en mercancía, sino en capital, en valor que bombea la fuerza creadora del trabajo en medios de producción que dominan al productor, en medios de subsistencia que compran al obrero mismo. La sola continuidad o repetición periódica del proceso de producción capitalista reproduce y perpetúa su base, el trabajador en su calidad de asalariado.

Beneficio y superbeneficio

A nivel de la sociedad, el conjunto de la clase productiva engendra una masa creciente de plusvalía; ésta se encuentra repartida entre las diferentes fracciones de la clase dominante bajo diversas formas. En especial, en la empresa toma la forma del beneficio.

Hoy en día, el término "beneficio" es empleado a menudo en un sentido moral, como equivalente de un beneficio "comercial" parasitario: se condena así el hecho de que alguien vendiera una mercancía por encima de su precio de producción, para obtener una ventaja que sería el beneficio. Pero en los términos científicos del marxismo, el beneficio, en su totalidad, no es para nada asimilable al engaño comercial. El beneficio es una fracción de la plusvalía. El conjunto de las mercancías es vendido a su valor, y es porqué son vendidas su valor, tomadas en su totalidad, que los capitalistas se apropian la plusvalía.

Esta plusvalía va a escindirse básicamente en beneficio y renta, delimitándose así la clase de los capitalistas y la de los propietarios de tierra. En el seno de la clase capitalista, el beneficio va a ser repartido entre los capitalistas en relación con el capital que han avanzado (igualación de las tasas de beneficio). Los capitalistas del comercio obtienen así una tasa de beneficio medio igual a la tasa general de beneficio como la de los capitalistas industriales incluso si su contribución efectiva a la producción de la plusvalía es menor. El mismo beneficio va a dividirse entre el beneficio de empresa y el interés que retribuye al capitalista financiero. Pero esto no es todo, los impuestos están en la base del Estado, y constituyen una parte de la plusvalía (pero también del salario social). No olvidemos que los salarios de dirección que se atribuyen los capitalistas y los salarios (y medios de producción) de las clases improductivas, que son otras tantas formas de plusvalía.

Así la plusvalía es repartida, en el seno de la sociedad, entre las diferentes clases dominantes y en el seno de la misma burguesía, entre sus diferentes fracciones y aun más allá. Pero Marx insiste fuertemente sobre el origen único de esta masa de plusvalía, repartida seguidamente entre los diferentes protagonistas. Al principio, es el capitalista industrial (este término contempla el capital empleado en una esfera cualquiera y no únicamente el capitalista de la industria) quien garantiza la producción de plusvalía gracias a la explotación que hace del trabajo asalariado productivo. Contrariamente a lo que pretenden las corrientes de la crítica pequeño burguesa del capitalismo, no es la banca, el mundo de las finanzas, el enemigo a batir, en comparación con el capitalista industrial "virtuoso". El modo de producción capitalista no descansa sobre las finanzas, sino sobre la producción de plusvalía y su acumulación gracias a la explotación del proletariado.

Los desarrollos teóricos propios a las cuestiones agrarias son igualmente la ocasión para Marx de tratar las diversas formas de superbeneficios. Que éstos provengan de diferenciales de productividad, de monopolios sociales como la propiedad de la tierra, o de precio de monopolio propiamente dicho, por el hecho de una demanda superior a la oferta (del hecho de una rareza relativa como para un vino fino o porqué ésta está organizada – política de marcas y patentes, por ejemplo-) hallan una ilustración en las diferentes formas de renta de la tierra. Lejos de constituir una novedad teórica y una fase particular de la historia del modo de producción capitalista, Marx muestra como se articulan beneficio medio y superbeneficios, competencia y monopolios, sobre la base de la acción de la ley del valor.

Capital ficticio

Con la acumulación del capital real se desarrolla igualmente lo que Marx, siguiendo a otros economistas, llama el capital ficticio. Inicialmente se trata de títulos (acciones, obligaciones, bonos del tesoro, letras…) correspondientes a un capital real que ha sido prestado (poco importa su destinación). En la medida en que estos títulos pueden ser negociados (por ejemplo en la bolsa, en un banco o en una empresa de factoring las letras y otras facturas emitidas por una empresa), son objeto de un mercado particular, sometido a leyes específicas. Estos mercados son el lugar de una especulación intensa que permite captar una parte de la plusvalía.

Para el socialismo pequeño burgués, esta esfera está en la raíz de las crisis y la captación de plusvalía en las actividades especulativas y el pago de intereses (o de dividendos en el caso de las acciones) en compensación del capital prestado, son la forma más acabada de la explotación. Sin embargo, ya hemos visto que no se trata más que de formas de la plusvalía (al mismo título que el beneficio, la renta, el impuesto, los salarios de las clases improductivas,…). La plusvalía, una vez extraída en la esfera productiva, es objeto de la concurrencia y del juego de relaciones de fuerza para saber cómo será repartida. El movimiento comunista apunta a la abolición del salario y otras categorías mercantiles y no a poner bajo tutela las manifestaciones más evidentes del parasitismo social.

Otra significación (sentido II) del término capital ficticio concierne al uso fraudulento del capital de crédito. Una vez prestado el dinero, es disipado por el prestatario, que no lo hace funcionar como capital. Aparte de los ladrones y defraudadores profesionales, no hay que olvidar que la frontera entre una empresa en dificultades que intenta obtener crédito para hacer frente a un mal paso, esperando que los negocios van a remontar, y aquella que se hunde en el endeudamiento sin salida, es una línea delgada. En este aspecto, el mismo Estado, uno de los mayores sino el mayor prestatario, que se da prisa en gastar el dinero como renta, puede ser mirado sospechosamente. La historia está jalonada de sus quiebras y reestructuraciones de su deuda; lo que le sitúa, en este sentido, entre los grandes proveedores de capital ficticio.

Un último aspecto de la noción de capital ficticio (sentido III) reside en el sobrecrédito. Para realizar la plusvalía adicional, nuevos medios de pago deben ser creados. Cuando exceden las necesidades de la acumulación (como existen otros mercados deben necesariamente exceder estas necesidades) y, por otra parte, es interés de los bancos prestar lo más posible, pues juzgan su riesgo limitado (la ignorancia, la codicia, la garantía de los Estados, las proezas técnicas, tanto en materia de ingeniería financiera como de automatización de las decisiones,…serán factores que empujarán a minorar este riesgo, mientras que en un momento dado lo amplifican) el desarrollo del crédito se acompaña del desarrollo del sobrecrédito. Este fenómeno se resuelve en inflación de los precios de las mercancías, inflación del capital ficticio (en el sentido I, títulos), inflación de la renta de la tierra (el precio de los terrenos y de los activos inmobiliarios), inflación del capital ficticio (en el sentido II) en resumen en inflación del parasitismo social. Cuando la inflación se muda en deflación, estos fenómenos, vectores de crisis por sí mismos, son tan solo un aspecto, entre los más visibles, de las crisis de superproducción que hallan su origen en el corazón de la producción capitalista.

Dinámica del capialismo e clases sociales

El descubrimiento de las mistificaciones capitalistas.

Marx, en su época, realiza un trabajo a la vez científico y revolucionario. Científico porqué ha mostrado, más allá de los fenómenos constatados por los diferentes protagonistas de la sociedad, cuáles eran los resortes profundos y dado una explicación que rompe con las interpretaciones de los economistas burgueses de su tiempo; revolucionario porqué ha sabido captar lo que, tras el funcionamiento de la economía capitalista, proporcionaba las condiciones materiales para la ruptura revolucionaria. Es más, el trabajo científico sólo ha podido hacerse al situarse en un punto de vista revolucionario, en el punto de vista del proletariado y de la sociedad del mañana: el comunismo. Es por lo que las obras fundamentales de Marx destinadas a la economía llevan el subtítulo de "crítica de la economía política".

Más de un siglo y medio tras su nacimiento, la concepción materialista de la historia pena por imponerse. Puesta en posición defensiva desde el fin del siglo XIX, revigorizada por la revolución rusa, aniquilada por la contrarrevolución que siguió al fracaso de la ola revolucionaria de los años 20 (derrota de las revoluciones alemana, húngara, china,…, involución y contrarrevolución rusas con el triunfo del estalinismo), el marxismo no ha acabado de extraer las lecciones de las derrotas del proletariado. La reexposición sistemática de los conceptos, elementos teóricos y conclusiones avanzadas hace casi un siglo y medio, y su aplicación a la comprensión de las evoluciones y mutaciones del modo de producción capitalista contemporáneo, son una necesidad para la causa de la emancipación del trabajo.

Evolución de las clases sociales

La evolución de las clases sociales, y entre ellas, la de la clase productiva constituye una de las cuestiones más importantes hoy en día para la teoría marxista.

El siglo veinte habrá sido a la vez el más vital y el más mortífero de la historia. La población mundial se ha cuadruplicado, la esperanza de vida ha aumentado considerablemente, mientras que las guerras han causado 120 millones de víctimas, la subalimentación toca a 800 millones de personas (en el otro extremo 300 millones sufren de obesidad) con su cortejo de consecuencias trágicas (esperanza de vida disminuida, mortalidad infantil (6 millones por año), trastornos físicos y mentales,…

El modo de producción capitalista ha progresado aún más que la población. La parte de los asalariados en la población activa mundial no para de crecer y ocupa una mayoría de ella. En los países en que el modo de producción capitalista es el más desarrollado, los asalariados representan del 80 al 90 % de la población activa. El proletariado se ha convertido en la mayoría de la sociedad. Las antiguas clases sociales, campesinos, artesanos y pequeños comerciantes independientes, retroceden. Su supuesta "independencia" es a menudo sólo formal, y su existencia se queda en los poros de la sociedad burguesa. En el peor caso, su actividad es tan sólo la antesala de la precariedad generalizada y del paro.

Tomemos la agricultura: sigue siendo el primer empleador mundial, pero ya no representa la mayoría absoluta de la población activa. Una gran masa de esta población agraria, como el campesinado parcelario, produce ciertamente valor, pero no plusvalía. No está en una relación salarial con el capitalista, pero tiene relación con el propietario de la tierra cuando no es ella misma propietaria. En los países más desarrollados, no representa más que una parte muy débil de la población activa, mientras que era una mayoría en la época de Marx. En su seno, los asalariados juegan un papel cada vez mayor. El modo de producción capitalista se hace cada vez más con la agricultura, la somete a sus leyes, arruina al campesinado, que va a unirse al ejército de reserva industrial, a inflar las poblaciones urbanas.

Además del proletariado, el modo de producción capitalista conoce otras dos clases fundamentales: la de los capitalistas y la de los propietarios de la tierra. El análisis de la formación de los precios en la agricultura y en la esfera de la producción de las materias primas muestra que es en los terrenos (minas o campos de extracción) menos fértiles y más mal situados donde se forman los precios de producción entorno a los cuales gravitan los precios de mercado. En el modo de producción capitalista, el precio relativo de las materias primas y de los recursos indispensables para la vida es pues más elevado que el de las otras mercancías; el lujo industrial es más fácil de producir que lo necesario agrícola. Además, el monopolio de la propiedad de la tierra agrava aún este proceso, al frenar el desarrollo de la productividad en estas esferas de producción. Más allá de estos fenómenos, hay que tener en cuenta igualmente los efectos particulares ligados a los precios de monopolio stricto sensu (como para los vinos más apreciados, por ejemplo)

La consideración de estos diferentes fenómenos muestra hasta qué punto el modo de producción capitalista es nefasto para el metabolismo social.

Las contradicciones del modo de producción capitalista empujan a su paroxismo el antagonismo entre la ciudad y el campo, los desequilibrios entre el mundo urbano y rural. Esta contradicción alcanza un máximo[5] tal[5] que la burguesía, siendo incapaz de llegar a un reparto armonioso de la población sobre el territorio, se ve obligada a tomar a su cargo, nutrir y mantener bajo perfusión, a las poblaciones que rechaza de su sistema de producción. Así se amontonan en las periferias de las megalópolis capitalistas las masas expulsadas de los territorios agrarios.

Por otra parte, la renta urbana alcanza sus máximos; por ejemplo, en Francia ha superado hace tiempo, masivamente, la renta de la tierra. Aunque lo edificado (para vivienda o para actividades productivas) ocupa superficies mucho menos importantes que las tierras agrícolas, su precio global es superior, y la relación entre el precio por m^2 de los mejores alojamientos o despachos y el de las peores tierras agrícolas no cesa de crecer. Esta relación es a partir de ahora, en Francia, del orden de 1 a 1.000.000. En efecto, en los barrios buenos de Paris, el precio del metro cuadrado llega fácilmente a los 10.000 €, mientras que las peores tierras agrícolas se

_____

5 Ahora, más de la mitad de la población mundial es urbana (5% en 1920) y la mayor parte de ella se aglomera en las grandes ciudades.

pueden negociar alrededor de los 1.000 €. Tomando los casos extremos, se podría multiplicar fácilmente por 10 la considerable desviación obtenida.

Jamás podrá la sociedad burguesa nutrir correctamente a la humanidad, ni ofrecerle un techo decente, ni curar desde el punto de vista de los intereses generales de la especie humana el espacio, los bosques, los suelos, la salud y el bienestar de las poblaciones, el metabolismo entre el hombre y la naturaleza.

Antiguas y nuevas clases medias

Lo que es verdad para la agricultura lo es también para la industria y los servicios; la influencia del trabajo asalariado se extiende y hace la dominación del modo de producción capitalista cada día más evidente. Fuera del campesinado, del sector artesano y del comercio, aún pujante, que representan las clases medias clásicas, históricas, una clase media moderna, asalariada, se ha desarrollado. Como hemos visto, el modo de producción capitalista, en su carrera por la plusvalía, desvaloriza las mercancías al reducir el tiempo de trabajo social medio necesario para su producción. Pero debe darse salida a esta masa creciente y el capital debe multiplicar los esfuerzos y los gastos improductivos para hacer circular las mercancías y realizar en capital-dinero el capital-mercancía (estudios de mercado, publicidad, fuerzas de venta, crédito, seguros,…) El tiempo de circulación aumenta relativamente en relación con el tiempo de producción. La multiplicación de los focos de acumulación del capital con su cohorte de pequeñas empresas induce la creación de una clase de pequeños capitalistas cuyo salario y rentas provienen de la plusvalía y representan pues un coste de mantenimiento proporcional a su número. Se asiste además al desarrollo y mantenimiento, tanto en la pequeña como en la gran empresa, de categorías intermedias a las que se encarga la administración, la contabilidad, la organización de las firmas.

Por fin, las sociedades capitalistas modernas conocen un desarrollo considerable del Estado y de la burocracia. En tanto que son pagados por el presupuesto del Estado, es decir mediante impuestos o endeudamiento, los funcionarios no son ni explotados (no producen plusvalía y no se enfrentan al capital en la venta de su fuerza de trabajo) ni proletarios. Su fuerza de trabajo no se intercambia contra capital sino contra renta. Con la derrota del proletariado en los años 20 y el rejuvenecimiento del capital que le siguió (particularmente tras la segunda guerra mundial), se ha asistido durante decenios a un crecimiento de la producción de plusvalía concomitante a la elevación del grado de cualificación de la fuerza de trabajo. Esto solo ha podido hacerse imitando el programa comunista, realizando una democracia social, al aportar, en los límites del modo de producción capitalista, progresos en relación con el tiempo de trabajo, con la sanidad, la educación, reforzando al mismo tiempo el talón de hierro (policía, ejército, etc.) y la burocracia del Estado. Todos esos fenómenos han engendrado la creación de empleos de funcionarios y hace del Estado un empleador importante, a veces el primero.

Todos esos fenómenos significan que el salario no recubre *strictu sensu* una relación de explotación. Cuando la fuerza de trabajo se intercambia contra renta o cuando está empleada en la esfera de la circulación, o incluso cuando forma parte de los falsos gastos de la producción capitalista (contabilidad, facturación, administración, etc.) es improductiva; ella no produce valor ni plusvalía (aun cuando pueda reportar un beneficio). Todo proletario es por definición asalariado (puesto que no tiene otra cosa que su fuerza de trabajo por vender), pero todo asalariado no es un proletario.

La considerable expansión de la productividad del trabajo desde la segunda guerra mundial puede concebirse de dos maneras:

En la primera concepción, se considerará que esta riqueza social está producida por el *conjunto* de la población asalariada. Esta recibe, en los países desarrollados, un equivalente que varía entre la mitad y los dos tercios del PIB. Es entonces fácil de concluir que la explotación (tanto la absoluta como la relativa) del proletariado (confundido aquí con la población asalariada en general) no se agrava y que los intereses del capital y del trabajo son pues conciliables.

En la segunda, se mantiene la distinción, crucial en Marx, entre una fracción productiva de la población empleada y una fracción improductiva, pudiendo ser esta última asalariada. En este caso hay que atribuir la producción de plusvalía sólo a la fracción productiva.

Se considera pues que la producción de valor y de plusvalía sólo descansa sobre el proletariado y no sobre la totalidad de los asalariados. Por consiguiente, su explotación es aquí considerablemente más importante que la que admite la primera visión, y se muestra que los intereses del trabajo y del capital son inconciliables.

La consecuencia de este último punto para evaluar la posibilidad del comunismo es crucial; en efecto, la concentración de la esfera productiva sobre el proletariado y no sobre todo el trabajo asalariado es testimonio de una productividad inaudita alcanzada por el desarrollo del modo de producción capitalista, productividad cuyo producto *debe* ser dilapidado para que la caldera no explote. Esto muestra las formidables capacidades de una reorganización de las funciones productivas, el abandono de sectores inútiles, socialmente nocivos, una generalización del trabajo productivo al conjunto de la sociedad disminuyendo el tiempo de trabajo individual, que conllevaría cambios considerables desde las primeras fases de un proceso revolucionario.

En un momento en que, ante las perspectivas catastróficas ofrecidas por la sociedad burguesa, numerosas corrientes preconizan el "decrecimiento", la limitación malthusiana de la producción de riquezas, a menudo en nombre de la ecología y de la protección del planeta, es bueno recordar que el origen de las catástrofes económicas que asolan la sociedad es *social* y que la dirección de la sociedad por el proletariado revolucionario es una necesidad absoluta.

El papel de las clases medias modernas

Una buena parte de estos asalariados improductivos representa lo que se llama "clases medias" modernas. El salario permite distinguirlas de las antiguas (artesanos, campesinos…) de las que hemos hablado. Contrariamente a lo que afirman los comentaristas burgueses, el fenómeno de la expansión de las clases medias asalariadas había sido anticipado perfectamente por Marx. Al vivir de la plusvalía, o sea, de la explotación del proletariado, estas clases defienden un interés "próximo al de las clases explotadoras" (Marx).

En el libro I del capital, Marx expone el papel del manager capitalista, definiendo su función social, su psicología y su evolución. El manager capitalista (a distinguir del propietario del capital) personifica el capital, él "funciona como capital personificado". Tiene por función hacer producir el máximo de plusvalía, lo que supone a la vez obtener el mejor rendimiento posible de la fuerza de trabajo en un momento dado y extender también, en tamaño y en profundidad, la acumulación del capital. La producción por la producción, la exaltación del desarrollo de la fuerza productiva del trabajo de la fuerza productiva del trabajo, tal es la función del capitalista, "agente fanático de la acumulación".

El capitalista sólo se interesa en el valor de cambio, es por ello que, entre las primeras cualidades de los pioneros del desarrollo capitalista, aparecen en buen lugar la frugalidad, la austeridad, la avaricia; pero estas "virtudes" burguesas, con el tiempo, se debilitan. El capitalista cede a las sirenas del consumo improductivo de la plusvalía. Es verdad que la progresión de la concentración y la centralización del capital han permitido la producción de una plusvalía creciente por medio de la cual puede aumentar su consumo sin por ello debilitar notablemente su acumulación. Por otra parte, este consumo deviene una necesidad profesional; la ostentación de su riqueza es un medio de obtener crédito, de inspirar la confianza y de mantener el círculo de sus relaciones. Pero en el capitalista esta tendencia tiene límites, y el goce, el gasto, se hacen con una forma de mala conciencia, pues ellas hallan frente a sí la inclinación inversa que es necesaria para atizar los fuegos de la acumulación.

Si el capitalista renunciara al goce de la acumulación por la acumulación del goce, renunciaría a su función; la sanción que recibiría el capitalista que consumiera de manera improductiva la plusvalía, antes que acumularla, sería su desaparición bajo los golpes de la concurrencia.

Desde el punto de vista del capital total, dos escollos opuestos acechan al modo de producción capitalista. Si suponemos una sociedad que fuera compuesta sólo de proletarios que enfrentaran un capital que no tuviera otra preocupación que la producción y la acumulación de la plusvalía, se daría un desarrollo vertiginoso de las fuerzas productivas y de la productividad del trabajo. Este desarrollo prodigioso minaría a una velocidad acelerada las bases de esta misma producción capitalista impulsando la desvalorización del capital a su clímax, creando una inmensa acumulación de mercancías cuya dificultad de salida, de realización, iría creciendo. El capital sería pues conducido tanto más rápidamente a la superproducción y las crisis. Por un lado, un desarrollo de la producción por la producción, concomitante con un desarrollo de la riqueza personal del capitalista, podría conducir la producción capitalista a marchitarse, a perder su dinamismo, a ronronear ante la masa de beneficios sin tratar de impulsar sistemáticamente el desarrollo de la fuerza de trabajo; el capital renunciaría mucho más rápido a su misión histórica.

Desde 1845, Marx y Engels insistían en el hecho de que al mismo tiempo que el modo de producción capitalista desarrolla las fuerzas productivas, éstas se mudan en fuerzas destructoras. Mientras que el capitalista encara la pasión de la acumulación, el amor de la producción por la producción, es necesario que en la sociedad se exprese igualmente la pasión del gasto, del consumo por el consumo. Hemos visto que el capitalista no puede tener completamente esta función sin renunciar a su ser. La vertiente dialéctica de la producción, el consumo, se expresa en otra clase. Una clase que representa el gasto, el consumo por el consumo, debe desarrollarse. Como la clase capitalista, a pesar del desarrollo de sus inclinaciones por el consumo no puede asegurar por sí sola esta función y como en cierto punto ella entra en contradicción con su función social, la clase que representará mejor la pasión del gasto y del consumo es la clase media.

Tal es la función económica de la clase media en Marx. Ella encarna la pasión del gasto y juega un papel regulador en el marco del modo de producción capitalista. El volcán de la producción está limitado en su expansión y, al mismo tiempo, estimulado. Pero más allá de este aspecto, las clases medias juegan igualmente un papel social y político sirviendo de escudo a las clases dominantes.

Clase capitalista y propiedad de la tierra

Con el desarrollo de la producción capitalista, el capital se concentra, es decir, se acumula en los mismos centros. Bajo el impulso de la progresión de la productividad, del desarrollo del capital mínimo necesario para que ésta sea conforme a la media social, de los efectos de la concurrencia y de las crisis, del desarrollo del crédito, que pone a disposición de algunos el capital social, el capital se centraliza, es decir, con otros factores sin variar, reduce el número de centros de acumulación. Por ejemplo, se dice que 80.000 empresas multinacionales, cuyo número ha crecido de manera inaudita, producen el 10% del PIB mundial y controlan 2/3 del comercio mundial, que las producciones de sus filiales son superiores al volumen del comercio. Paralelamente, con el sistema de crédito, el desarrollo de formas sociales de la propiedad (sociedades por acciones, empresas públicas, cooperativas, fondos de pensión, holdings,…), la separación entre la propiedad y el capital se afirma mientras los protagonistas se profesionalizan, managers capitalistas, por un lado, que aseguran la gestión del capital, capitalistas financieros, por el otro, que reivindican los intereses de la propiedad del capital. Las diferencias entre capitalistas y propietarios de la tierra se esfuman y estas clases tienden a fusionarse, unos compran la tierra, los bosques, los inmuebles que constituyen el objeto de sociedades con la propiedad social mientras los otros devienen accionistas y capitalistas. La burguesía como clase propietaria se aleja cada vez más del proceso de producción que ella continúa obstaculizando, facilitando las crisis. Ella acentúa así su carácter parasitario.

Concentración y centralización del capital

La concentración y la centralización del capital son fenómenos relativos y no absolutos, paralelamente al peso relativamente creciente de los capitales multinacionales y de las mayores empresas, las pequeñas y aun las muy pequeñas empresas pululan. La acumulación de capitales en nuevos focos, sea porqué se separan de sociedades más antiguas sea a través del aporte de capitales nuevos es tanto más importante cuanto que los nuevos campos de acumulación no exigen capitales importantes para existir. El desarrollo de servicios que suponen una relación más directa entre las personas y una relativa proximidad territorial se sitúa en este marco. Marx había ya descrito un fenómeno idéntico a propósito de la producción de productos de lujo, que emplea más mano de obra. La producción de productos más refinados, de calidad superior o de lujo, crece con el desarrollo de la productividad. El desarrollo de una fuerza de trabajo cualificada que pueda ganar tanto más fácilmente su autonomía cuanto que las tareas de concepción ocupan una parte creciente en el tiempo de trabajo global para realizar una mercancía favorece igualmente esta movimiento.

Las causas del desarrollo recurrente de estas pequeñas empresas son numerosas. Si la voluntad de escapar del trabajo asalariado puede ser un motor para un cierto número de individuos, la mayor parte no tienen otra elección que intentar existir por ellos mismos sobre el mercado cuando no encuentran un empleo asalariado. Por otra parte, los diversos estatutos y las protecciones más o menos arcaicas que existen en tal o cual país (farmacéuticos, notarios, médicos, abogados, arquitectos…) frenan la expansión del salario en estos sectores. La existencia de esas empresas más pequeñas es también una necesidad para que las empresas más productivas puedan realizar superbeneficios, y que les sirvan de regulador bajo todas las formas. Last but not least, *la innovación* es frecuentemente sinónimo de pequeña empresa, que es más ágil que las grandes empresas ya instaladas. Un proceso darwiniano de selección de los nuevos productores y servicios, de los nuevos mercados, se desarrolla. Ciento se lanzan, diez emergen, uno triunfa. Éste será comprado a buen precio por la gran empresa.

Este movimiento de concentración y de emergencia constante de nuevas unidades de producción se aplica igualmente a la agricultura. Si la población mundial ha cuadruplicado en el curso del siglo XX y la agricultura ocupaba cerca de la mitad de la población activa, el número de campesinos y campesinos propietarios ha aumentado igualmente, provocando a nivel mundial una disparidad impresionante de productividad entre la gran agricultura capitalista y el campesinado, que no alcanza a producir, por falta de tierras, su autosuficiencia.

La productividad que alcanza 1.000 toneladas por activo y año en algunos millones de activos en la agricultura desarrollada, cae hacia los dos tercios de la población activa agrícola. Para las centenas de millones que han conocido los efectos de la "revolución verde" a 50 o 10 toneladas por activo según que dispongan o no de tracción animal. Por fin, alrededor del último tercio (muchos centenares de millones de personas) que viven en condiciones de pobreza producen menos de 1 tonelada por activo y por año[6].

Si descartamos la cuestión de la manera como esta productividad es alcanzada y sus límites, son potencialmente muchos centenares de millones de agricultores los que están amenazados de desaparición para ser amontonados en las ciudades y, dialécticamente, algunos millones de personas practicando una agricultura racional podrían bastar, liberando así tiempo de trabajo, para satisfacer las necesidades agrícolas de la especie humana. Más que nunca, la cuestión agraria, como la resolución del antagonismo entre la ciudad y el campo, están en el corazón de la revolución social.

Acumulación y crisis

La búsqueda del máximo de plusvalía conduce el modo de producción capitalista a crisis de superproducción. Éstas toman un carácter periódico y su gravedad está tendencialmente en relación con el grado de desarrollo de la producción capitalista. Cuanto más desarrollada está, mayor tiende a ser el impacto social de estas crisis. Las crisis de superproducción son características del modo de producción capitalista más desarrollado. La primera de estas crisis de un nuevo tipo se remonta a 1825 y, después de dos siglos el mundo burgués sigue afectado por sacudidas, temblores de tierra sociales que siembran la desolación. Su frecuencia e intensidad no sólo no disminuye sino que debe esperarse que nuevos récords sean alcanzados regularmente. Estos hechos dejan impotentes y ridiculizan tanto las previsiones y las teorías de los economistas, como las políticas, las "reformas" y otras tentativas de establecer un control económico sobre el desarrollo del capital.

Al buscar el máximo de plusvalía, de sobrevalor, el capital desarrolla la productividad del trabajo como si ella no tuviera límites propios

---

6 Marcel Mazoyer, Proteger a los campesinos pobres en un contexto de mundialización, FAO.

de este modo de producción; la masa enorme de las mercancías debe ser realizada en dinero y una cierta relación –que la producción capitalista tiende a violar- debe existir entre el consumo productivo y el consumo no productivo (individual y colectivo). Al tener dificultades para encontrar mercados a estas masas considerables de mercancías, al restringir la parte de los salarios de la clase productiva y al impulsar los focos de la acumulación que desequilibran la relación entre producción y consumo, la sociedad burguesa favorece la superproducción de mercancías. Por otro lado, si la acumulación del capital no engendra suficiente plusvalía, si el crecimiento de la productividad falla y la tasa de beneficio baja brutalmente, es la superacumulación, la superproducción de capital, quien la amenaza.

En paralelo, el capital ficticio (títulos,…) se infla bajo los efectos conjugados de la acumulación del capital real, de la especulación y del sobrecrédito. El crédito se convierte en una de las palancas más potentes para favorecer la tensión de las fuerzas productivas y engendrar la superproducción.

La busca del máximo de plusvalía toma diversas formas:

- el alargamiento de la jornada de trabajo.
- el alza de la productividad,

Otras formas favorecen la creación de más valor y de plusvalía al mismo tiempo

- el desarrollo de la intensidad del trabajo – creación de más mercancías del mismo valor en el mismo tiempo-
- el desarrollo de la complejidad del trabajo – la misma fuerza de trabajo produce más o menos valor según el tipo de trabajo, simple o complejo, al cual esté afectada,
- el desarrollo de la calidad del trabajo – una fuerza de trabajo más cualificada tiene relativamente más valor que una no cualificada y produce más valor en el mismo tiempo-,

- la optimización del lugar del trabajo nacional en la división internacional del trabajo[7].

Al mismo tiempo que persigue su objetivo exclusivo: el máximo de plusvalía, la producción capitalista desarrolla, en los límites propios a este modo de producción, las fuerzas productivas. Al hacer esto, el potencial de la producción como de la superproducción es cada vez más importante. Para diferir esta contradicción, para contrarrestar sus efectos, el capital pone en marcha un conjunto de respuestas de diferente naturaleza. Las podemos clasificar en función del tipo de respuesta que aportan:

1° Facilitación de la venta, la realización del producto social = desarrollo del crédito

2° Busca de salidas y de nuevos campos de acumulación externos = exportación, lucha por la conquista de nuevos mercados.

3° Expansión de la necesidad y creación de nuevas necesidades = desarrollo de la publicidad y del mercadeo (marketing) que confiera nuevos atractivos a la mercancía.

---

[7] La ley del valor se modifica profundamente en su aplicación internacional en la medida en qué en el mercado del mundo el trabajo más productivo adquiere un valor social más importante cuanto que la concurrencia no le obliga a bajar este valor. Por este hecho una hora de trabajo en un país más desarrollado puede intercambiarse contra tres horas en el menos desarrollado, por ejemplo. Si estos dos países mantienen intercambios el primero explota al segundo. Por ejemplo, Francia y Brasil tienen a partir de ahora un PIB comparable, pero para obtenerlo el Brasil debe emplear una población activa que es el triple, y gastar por tanto globalmente tres veces más de trabajo que Francia (hacemos aquí abstracción de las diferencias en el tiempo de trabajo anual como en la importancia relativa de las clases improductivas). También sobre esta ley se apoyan las grandes empresas multinacionales para repartir la producción a escala mundial según sus intereses, esquivando las políticas fiscales y sociales de los estados y haciendo al mismo tiempo presión sobre ellas.

4° Diversificación, creación de nuevas necesidades, creación de nuevos valores de uso = desarrollo de medios de consumo de lujo. Uno de los intereses de este sector es que generalmente permite la producción de una mayor masa de plusvalía por el hecho del empleo relativamente más elevado de trabajo vivo. Como por otra parte estas ramas tienen una composición orgánica menos elevada que la media, favorecen también el alza de la tasa de beneficio.

5° Evolución histórica de los valores de uso y de las necesidades que conducen a frenar la baja del valor unitario de las mercancías. "Revalorización"[8] de los valores de uso; evolución de las necesidades: el lujo de ayer es lo necesario de hoy.

6° Programación de la obsolescencia de las mercancías. Organización del malgasto de los recursos.

7° Fijación del capital. Acumulación de capitales fijos que no son inmediatamente productivos (grandes obras de arte, grandes trabajos, canales, por ejemplo) y que absorben plusvalía sin producir un efecto inmediato sobre la productividad del trabajo.

8° Desarrollo de una clase de consumidores que consume sin producir, de una clase improductiva. Una clase de consumidores es necesaria. Los teóricos subconsumistas, en especial Malthus, tiene presente esta necesidad. No puede ser el proletariado, cuyo consumo es limitado – y tanto más limitado cuanto que el salario relativo baja con el progreso de la producción capitalista – quien la cubra. Un alza del salario puede intervenir, pero necesariamente en límites estrechos. Esta clase improductiva moderna, es la clase media asalariada. Con su desarrollo, se limita la tasa de acumulación y la demanda de medios de consumo aumenta, y con ella el consumo de productos más refinados y de productos de lujo.

---

[8] Por ejemplo, el automóvil no ha dejado de evolucionar en equipamientos y opciones. Su precio relativo no ha bajado mucho, se ha mantenido, a despecho de los progresos de la productividad y de las substituciones de materiales (fenómeno que puede jugar en los dos sentidos).

9º Baja tendencial de la tasa de beneficio y de la tasa de acumulación. La acumulación se ralentiza, el crecimiento se ralentiza, el capital difiere sus contradicciones renunciando a su misión

Las crisis no engendran mecánicamente guerras ni revoluciones, pero contribuyen a ello, y si la revolución es la última salida para el proletariado con el fin de acabar con su explotación y parar el curso de producción capitalista, la guerra será igualmente la última solución que hallará el capital para regenerarse, aún a riesgo de destruir la especie humana.

Hacia la sociedad sin clases

Uno de los grandes dramas de la historia reciente ha sido la desaparición política del proletariado, que ha sido desposeído de lo que representaba su carácter revolucionario. Por dos veces (segunda y tercera internacional) su partido internacional ha caído en manos de las fuerzas contrarrevolucionarias. No volveremos ahora a las circunstancias históricas que han hundido al proletariado en la contrarrevolución en los años 20, después que haya cumplido, a escala internacional, el más heroico esfuerzo de emancipación de su historia, cuyo momento álgido es la toma del poder en octubre de 1917 en Rusia. Después de esta época, el proletariado ha desaparecido como partido político independiente, y por tanto como clase consciente de sus objetivos históricos. No sólo sus representaciones, tradiciones, cantos, banderas, emblemas, se han convertido en símbolos de su opresión, y su teoría ha sido aseptizada, desnaturalizada, caricaturizada, transformada de teoría revolucionaria en instrumento de conservación social, mientras que sociedades propias del modo de producción capitalista (URSS, China, Cuba,…) se erigen en ejemplo del socialismo real.

Durante estos últimos años el proletariado sólo ha combatido como ala de extrema izquierda de la democracia, a remolque de los partidos de las otras clases. Al hacer esto, ha cambiado su emancipación, en los países más desarrollados, por mejoras de su situación. Disminución del tiempo de trabajo, elevación de su nivel y esperanza de vida, educación de sus niños, acceso a los tratamientos, etc., en resumen, todo lo que caracteriza a la "democracia social". Igualmente, ha impulsado a la conquista de la democracia política, ampliado el sufragio universal y el derecho de las mujeres. El número de países regidos por una constitución democrática, organizados en república democrática, no ha dejado de aumentar. El proletariado ha conquistado pues el campo de batalla para el último enfrentamiento con la burguesía; ha dejado a la burguesía dirigir el desarrollo de las fuerzas productivas y llevarlo a un punto en qué las contradicciones se han acumulado de tal manera que la evidencia de la necesidad de una sociedad sin clases para superarlas es cada día mayor.

Incluso si le cuesta retomar su combate revolucionario, el proletariado mundial está siempre situado en unas condiciones que hacen de él, única clase explotada, una clase revolucionaria, cuyo objetivo es la revolución comunista, derribo completo de toda la construcción de la sociedad actual. Esta revolución constituye más que nunca una apuesta vital para la humanidad entera. Nada ha aparecido que desmienta lo que constituía ya el propósito esencial del "Manifiesto del partido comunista" de 1848.

La capacidad política del proletariado dependerá evidentemente de las circunstancias, del grado de preparación y de su energía para organizarse en partido político autónomo, a escala internacional, coherente en su programa revolucionario y opuesto a todos los otros partidos. Pero su capacidad histórica es permanente, puesto que se halla inscrita en el corazón de la relación social que caracteriza el modo de producción capitalista. El proletariado, la clase productiva, no crea sólo plusvalía, crea también el capital, que reproduce toda la relación social por entero. Pero esto se presenta, en la sociedad capitalista, bajo una forma invertida y mistificada.

El proletariado y su alienación

En el corazón del trabajo productivo, en el corazón del proceso de producción, el proletariado produce, con su trabajo, un valor (reproducción del valor avanzado por el capital constante y el salario, más la plusvalía) que no sólo se le escapa sino que se vuelve contra él. Su trabajo se transforma, frente a él, en su contrario, en capital. El proletariado es dominado por su propio trabajo que se le enfrenta. Este fenómeno es calificado por Marx de alienación, es decir, que se hace ajeno a sí mismo. La explotación (que, recordémoslo, sólo concierne estrictamente al trabajo productivo y por tanto al proletariado) es al mismo tiempo una alienación. Las otras clases son también víctimas de la mistificación general (la cosificación de las personas y la personificación de las cosas, el carácter fetiche de la mercancía y del capital o aún, el hecho de que el capital o la tierra aparezcan como fuentes autónomas de valor, seres dotados de vida capaces por sí mismos de producir valor), que vela la verdadera naturaleza de las relaciones sociales, pero ellas no son capaces por sí mismas ni de la penetrarla mediante un análisis científico, ni de romperla, derribando la relación capitalista.

Hemos hablado (capítulo 1) de los orígenes del modo de producción capitalista, y a continuación (capítulo 2) del análisis que hace Marx de la mercancía. La aparición de la mercancía supone una sociedad en que los lazos comunitarios que instalan *a priori* el marco de la actividad humana como una actividad social son disueltos, al menos parcialmente. Al mismo tiempo, la evidencia de las relaciones sociales desaparece. Cada productor produce de manera privada, y sólo entra en contacto con el otro por el intercambio. Pero se trata aquí del intercambio de *productos,* realizados con su trabajo, y que se presentan al mismo tiempo como mercancías, y no simplemente como objetos útiles. No sólo las relaciones humanas aparecen mediatizadas por el intercambio de mercancía, sino que este mismo intercambio es la condición para que exista una relación social entre individuos cuyas actividades son separadas y ejecutadas de modo privado. El hecho de que la socialización de los trabajos se efectúe el intercambio, o sea, por una mediación que no es controlada por los individuos crea de entrada un velo sobre la realidad, que Marx compara a un fenómeno religioso.

Desde que la producción mercantil se ha generalizado y la fuerza de trabajo se ha convertido en una mercancía, la mistificación que la acompaña se amplifica. Esta mistificación es tanto más importante cuanto más desarrollado está el modo de producción capitalista.

La clase capitalista posee la totalidad de los medios de producción y de cambio bajo todas sus formas, y en esto el capital aparece como el elemento motor de la sociedad, su cara productiva. Marx habla de inversión, pues el capital aparece productivo, cuando de hecho el no produce nada por sí mismo, se contenta con poner en contacto y en movimiento todos los elementos necesarios para la producción, los mismos (en su fundamento, puesto que evolucionan históricamente) que los que servían para producir en las formas de producción precapitalistas: en toda producción, se necesita un material de trabajo, medios de trabajo, las herramientas, y un agente de producción, el trabajador.

La relación social capitalista enmascara pues, e invierte, la relación real subyacente. Así el capital aparece como "productivo", creador de riqueza, cuando es el trabajo humano quien lo es en realidad[9]. Al impulsar el movimiento de conjunto, al perseguir la búsqueda de un máximo de plusvalía, al desarrollar la fuerza productiva del trabajo, el capital enmascara el hecho de que lo que es la fuente de esta plusvalía y permite el desarrollo de la civilización capitalista es el trabajo productivo realizado por el proletariado. Éste produce, no solo la base material de la sociedad que él contribuye, igualmente, a reproducir y a ampliar sino que reproduce y perpetúa igualmente al capital y la relación de explotación que le es inherente. Se desarrolla así una espiral infernal en que el proletariado crea un ser extraño que le escapa y le domina. El capital se le enfrenta en concreto con la forma de las instalaciones y las máquinas, por ejemplo, pero también en una forma más general, más anónima, que le domina y le explota. Los progresos de la ciencia y de la técnica se vuelven contra el trabajador.

Con la circulación y la concurrencia, la mistificación se remata. El capital productor de interés, el capital ficticio, la tierra, aparecen como fuentes de renta sin relación inmediata con el trabajo. La igualación de las tasas de beneficio que interviene entre masas iguales de capitales que emplean masas desiguales de fuerza de trabajo obscurece igualmente un proceso que, de entrada, supera el marco del capital individual. En este proceso de igualación la

---

9 Puede verse una ilustración vulgar de este hecho en los discursos de los patronos cuando es cuestión de la « asunción de riesgos » de la « responsabilidad » del emprendedor, etc. Los patronos tienen la costumbre de decir que ellos« dan trabajo », cuando es a la inversa, es el proletario quien da gratuitamente una parte del tiempo de utilización de su fuerza de trabajo. Cuando el proletario interioriza este argumento, resulta esto: «pero quien me dará trabajo si ya no hay patronos? ».

Engels escribe claramente: « Desde el principio, hemos visto que esta pretendida « productividad del capital » no es nada más que esta cualidad que le es inherente (en las condiciones sociales actuales, sin las cuales no sería lo que es) de poder apropiarse el trabajo no pagado de trabajadores asalariados. » (La cuestión del alojamiento)

participación de capitales que se mueven en la esfera de la circulación como el capital comercial reúne su contribución al velo haciendo más opacas las relaciones sociales mientras que el azar de los triunfos y fracasos de los capitalistas individuales sometidos a la concurrencia contribuye igualmente al misterio de la producción capitalista. Las fuerzas contrarrevolucionarias se apoyan a menudo, con éxito, en esta mistificación, y con buena fe, en tanto que son víctimas de ella. Por ejemplo, se señalará, para la cólera de las masas, a los bancos, las "finanzas", el capital financiero, cubriendo de virtudes el capital industrial. Se olvida así que es éste último el que está en el corazón de la relación de explotación, que es él el que somete al proletariado y le hace producir el máximo de plusvalía, la cual toma diversas formas (beneficio, interés, renta, impuestos,…) que son objeto de otras tantas disputas entre las diversas fracciones de la burguesía y sus acólitos.

En el curso de este proceso, toda la esencia del trabajo humano es invertida. Es en esto que la relación social capitalista es la más violenta de la historia, pues niega el mismo ser del hombre que es sometido al capital, es decir, al valor en proceso. Por muy violentas que fuera, las relaciones del maestro y el esclavo, del señor y del siervo, eran relaciones entre personas, y se identificaban claramente como relaciones de poder y de explotación. Espartaco sabía porque, contra que y contra quien podía y debía rebelarse.

En el modo de producción capitalista, la relación social, la relación entre las clases toma la forma de una *cosa*, el capital, el *valor en proceso*, que domina al proletario. De ahí esta impresión de impotencia que puede sentir el proletariado; el capital lo domina todo, aparece como el *deus ex machina*, como una fuerza naturalizada, tan inamovible como el cielo y las montañas, invencible. Sin embargo, es sólo una figura invertida de la realidad, y levantarse contra él, es poner el mundo sobre los pies. Tal es el papel de la teoría revolucionaria y –pues el arma de la crítica no podría reemplazar la crítica por las armas- el de la revolución. La revolución del proletariado moderno se diferencia de todas las que la han precedido, pues no se trata únicamente de llevar al poder una nueva clase capaz de desarrollar un nuevo modo de producción, sino de reunificar a la especie consigo misma y abolir definitivamente todas las condiciones de la explotación de una clase por otra.

Esto sólo es posible porque el modo de producción capitalista desarrolla, por su tendencia al crecimiento de la fuerza productiva del trabajo, condiciones materiales objetivas del levantamiento de esta nueva sociedad que no tiene necesidad de los marcos de la propiedad privada ni de una clase dominante para desarrollarse. Es más, este desarrollo debe necesariamente pasar por la abolición de esta propiedad privada, que se ha convertido en un obstáculo insoportable. Las clases sociales deben ser suprimidas, no por razones morales, sino porqué son un obstáculo para el desarrollo social.

La escalofriante impresión de que no se puede salir de la dominación del capital está ligada al hecho de que el proceso de explotación funciona como una espiral, donde toda la energía de la clase explotada se concentra frente a ella para reforzar y desarrollar las condiciones de su explotación. Sin embargo, al mismo tiempo que se describe este proceso, se enuncian las condiciones de su destrucción, puesto que el proletariado, que lo hace vivir, es al mismo tiempo la clase que puede hacerlo parar. Basta retomar su autonomía rompiendo el vínculo que le liga al capital para emprender la transformación revolucionaria de la sociedad, hacia la sociedad sin clases.

En el libro I del "Capital", Marx describe así el comunismo:

"Representémonos por fin una reunión de hombres libres trabajando con medios de producción comunes y gastando, de acuerdo con un plan concertado, sus numerosas fuerzas individuales como una sola y misma fuerza de trabajo social. El producto total de los obreros unidos es un producto social. Una parte sirve de nuevo como medio de producción y sigue siendo social; pero la otra es consumida y, para ello, debe repartirse entre todos. El modo de repartirlo variará según el organismo productor de la sociedad y el grado de desarrollo histórico de los trabajadores. Supongamos, para situar este estado de cosas en paralelo con la producción mercantil, que la parte acordada para cada trabajador esté en razón a su tiempo de trabajo. El tiempo de trabajo jugaría así un doble papel. Por un lado, su distribución en la sociedad regula la relación exacta de las diversas funciones a las diversas necesidades; por otro, mide la parte individual de cada productor en el trabajo común, y al mismo tiempo la porción que le retorna en la parte del producto común reservada al consumo. Las relaciones sociales de los hombres en sus trabajos y con los objetos útiles que provienen de ellos son aquí simples y transparentes, tanto en la producción como en la distribución."

Tras el modo de producción capitalista, el comunismo

La perspectiva de una sociedad sin clases, sin Estado, sin asalariados no es una idea generosa que se trataría de traducir en la realidad. El comunismo sólo es posible porque sus fundamentos materiales, comenzando por la socialización de los medios de producción, han sido ya producidos en el marco del desarrollo del modo de producción capitalista. Hemos visto que, en su movimiento, el capital tiende a concentrarse y centralizarse, creando vastos conjuntos industriales planificados en el marco de sociedades transnacionales a escala mundial. (ver por ejemplo la producción del automóvil o la aeronáutica). Este desarrollo conduce, en el mercado mundial, a un tejido económico totalmente enredado, donde es casi imposible distinguir y abstraer islotes que puedan ser protegidos de las crisis o escapar a las leyes de la producción capitalista.

Pero esta tendencia a expulsar a los pequeños productores, a reagrupar las fuerzas productivas, a racionalizar las técnicas a escala internacional se enfrenta a obstáculos inherentes al modo de producción capitalista. Es lo que Marx llama la contradicción entre el desarrollo de las fuerzas productivas y las relaciones de producción. Estas últimas se hacen, en un momento dado del desarrollo histórico, *demasiado estrechas*. La misma producción exige una coordinación a una escala amplia, más allá de las fronteras, que se enfrenta a las relaciones de producción burguesas y nacionales. Habida cuenta del curso catastrófico seguido por el capital, convendría que las grandes políticas en materia de energía, de recursos naturales, de agricultura, de organización del espacio, de producción manufacturera, sean decididas y guiadas conscientemente a escala mundial, según los intereses de los productores asociados y no según las exigencias de producción de plusvalía que caracterizan a la producción capitalista. El capital conoce así una contradicción insostenible, pues su propio interés le empuja a unificar cada vez más el aparato productivo y la organización de la circulación de las mercancías y del dinero, a desarrollar la fuerza productiva del trabajo como si no tuviera límite, pero no puede empujar hasta su término sin negarse a sí mismo. Esta contradicción, como hemos visto, se manifiesta regularmente por crisis de superproducción potencialmente más graves cada vez. La propiedad privada, el trabajo asalariado, así como la división social del trabajo se han convertido, de factores de desarrollo histórico en los comienzos de la historia del capital, en verdaderos obstáculos al desarrollo posterior de la humanidad. Tal como una forma comprimida en un marco demasiado estrecho, la base comunista que se alberga en el corazón de la sociedad burguesa está pidiendo florecer, a condición de que una fuerza suficientemente potente haga volar en pedazos este marco estrecho. La misma propiedad privada, a través de movimientos como la nacionalización, regionalización, municipalización y otras formas de capital público, las cooperativas y las sociedades anónimas que permiten a la vez centralizar el poder y dispersar la propiedad (holdings, inversores institucionales, fondos de pensiones) toma un carácter social, aboliendo la propiedad privada en el marco de la propiedad privada. Desde un punto de vista materialista, esto constituye una de las bases para el desarrollo del comunismo, que no es un ideal inalcanzable, sino una necesidad provocada por el mismo desarrollo de la sociedad.

Un mercado mundial es una condición de la existencia del capital. Marx veía en él una de las condiciones materiales para el desarrollo del movimiento comunista a escala internacional que él deseaba. Con el fracaso de las revoluciones de 1848 en Europa, Marx y Engels se interrogaban sobre el hecho de que la revolución pudiera ser sofocada "en este pequeño rincón del mundo" mientras que el capital conocía aún perspectivas de expansión considerables sobre el resto del globo. Por su lado, el estalinismo ha forjado y se ha servido de la doctrina del "socialismo en un solo país" para desarrollar las relaciones de producción capitalistas en Rusia y dominar, sofocándolas, todas las expresiones autónomas del comunismo a escala internacional. El comunismo está en total contradicción con la idea de un desarrollo nacional, sólo puede existir a escala internacional y mundial. Hoy en día, el desarrollo considerable del modo de producción capitalista sobre el conjunto del planeta, incluso teniendo en cuenta los niveles desiguales de este desarrollo según las regiones, hacen que las posibilidades materiales para el paso a una sociedad sin clases estén más que maduras.

Marx, en sus diferentes trabajos, ha descrito poco o definido *explícitamente* el comunismo y su contenido. Pero cada vez que se presenta el tema, es presentado como la inversión radical de la situación presente, la recuperación por la especie humana, al salir de la ganga capitalista, de sus funciones vitales. El comunismo es una sociedad que abole el trabajo alienado, el trabajo asalariado, para articular sobre otra base el trabajo necesario y el trabajo libre. Vía la socialización de los medios de producción y de cambio, es la comunidad de los productores asociados la que toma las decisiones y organiza la sociedad. El libre desarrollo de cada uno pasa por la reducción del trabajo necesario y su reparto entre todos los miembros de la sociedad en edad y capacidad de trabajar. Al mismo tiempo que desarrolla una formación politécnica, la sociedad lucha contra la división social del trabajo, generalizando el trabajo manual, la polivalencia de las actividades, y aplicándose a la abolición del antagonismo entre la ciudad y el campo.

En el comunismo, *el dinero y la forma valor de los productos del trabajo desaparecen.* Se reconoce al individuo su participación al trabajo social durante un tiempo determinado (tiempo que se reducirá considerablemente en relación con el necesario actualmente), en contrapartida de lo cual podrá consumir, una vez descontados los elementos útiles para la expansión de la sociedad, para el consumo colectivo y para los miembros de la sociedad que no están en condiciones de trabajar, para satisfacer sus necesidades (de manera limitada en un primer tiempo y sin otra limitación que las de la saciedad y del buen sentido posteriormente)

La revolución apunta a la *abolición del trabajo asalariado.* En la comunidad de los trabajadores asociados la relación de dominación entre el poseedor de los medios de producción y el proletario ha desaparecido. Por la mediación de la comunidad, el trabajo del individuo deviene inmediatamente social.

Este carácter inmediatamente social de la producción es subrayado muchas veces por Marx. En el comunismo "no es por la vía de un rodeo, sino directamente, como los trabajos del individuo se hacen parte integrante del trabajo de la comunidad." (Crítica del programa de Gotha)

El *rodeo* del que habla Marx no es otro que la relación mercantil que liga la clase capitalista al proletariado, relación que sólo puede existir a condición que la primera posea el monopolio de los medios de producción y de cambio y la segunda únicamente su fuerza de trabajo. Alterar los términos del intercambio es permitir que la verdadera esencia humana del trabajo se manifieste, y que la productividad del trabajo adquirida por el desarrollo del maquinismo sirva verdaderamente a las necesidades humanas y que no sea ya dirigida enteramente para y por la valorización máxima del capital.

Lo que era ya válido en tiempos de Marx lo es infinitamente más actualmente. Todas las condiciones para abolir la propiedad privada de los medios de producción y de intercambio y gozar dc una organización colectiva de la sociedad están archimaduras.

Las condiciones de la ruptura revolucionaria.

Debemos volver para ello a las contradicciones que minan, por naturaleza, este modo de producción, por el mismo hecho de su organización económica y social. Al impulsar cada vez más la productividad del trabajo, desarrollando las fuerzas productivas, el capital crea las condiciones de una sociedad nueva. Él mismo acaba por demostrar que las relaciones de producción propias del modo de producción capitalista han devenido estrechas para seguir impulsando este desarrollo. Un nuevo modo de producción, nuevas relaciones de producción que corresponden a una sociedad sin clases y que hacen salir a la humanidad de su prehistoria para preparar conscientemente su porvenir deben ser instauradas. El marxismo muestra que esto es un fenómeno ineluctable y que la historia del modo de producción capitalista es la "de la revuelta de las fuerzas productivas modernas contra las relaciones modernas de producción". Esta revuelta se manifiesta regularmente por crisis, en el curso de las cuales el capital, cualquiera que sea su forma (máquinas, dinero, mercancías, fuerza de trabajo…) es brutalmente desvalorizado: mercancías destruidas, máquinas paradas, quiebras, baja ruinosa de los precios, fuerzas de trabajo en paro…

Dicho de otro modo, el aumento creciente de la productividad del trabajo, permitido por el maquinismo y la incorporación de la ciencia a la producción, que es la garantía más segura que la sociedad actual desemboca, de manera necesaria, en una sociedad de abundancia, es también el factor que más amenaza los fundamentos de esta sociedad.

Llega un momento en que el capital y la clase capitalista no solo *pueden* ser alterados porque la base material para un trabajo colectivo, inmediatamente social y desembarazado de las restricciones mercantiles y de valorización del capital está suficientemente desarrollado sino que *deben* serlo para asegurar la continuidad de la historia humana.

Pero esto no puede ser gradual ni mecánico. Si la sociedad está preñada de una sociedad sin clases, el bebé es tan grande que hay que sacarlo del vientre de una mala madre, presta a un infanticidio. No puede haber paso "espontáneo" a partir de un momento en el que las fuerzas productivas habrían alcanzado un nivel tal que podría surgir de manera "natural" el comunismo. Una discontinuidad, una revolución, es necesaria para romper los mil hilos del mercantilismo. La primera condición de ella es la conquista del poder político por el proletariado organizado en partido político distinto y opuesto a los otros partidos.

De la misma manera que el capital produce las condiciones de su propia superación, él produce la clase que ejecuta la sentencia: el proletariado. Marx escribe: "El proletariado es revolucionario o no es nada". Es proletario sólo en tanto es portador de esta potencia revolucionaria, que en tanto que clase consciente organizada en partido político, fuerte gracias a una concepción científica del mundo, el marxismo, capaz de prever y esclarecer una acción tendida hacia el derribo del poder de la burguesía y de su sociedad.

Para Marx y Engels, sólo a través de su constitución en partido existe el proletariado como fuerza social organizada y, por tanto, consciente. En "La cuestión del alojamiento", Engels resume así "las concepciones del socialismo científico alemán: necesidad de la acción política del proletariado y de su dictadura como transición a la abolición de las clases y con ellas, del Estado" Él precisa "que han sido ya expresadas en el Manifiesto del Partido comunista e incontables veces después". En otros pasajes la condición de la "constitución del proletariado en partido político" está claramente planteada.

Al tomar las medidas adecuadas para desmantelar el Estado burgués, abolir la propiedad privada, el intercambio de las mercancías, el proletariado revolucionario rompe el círculo infernal que transforma el trabajo del proletario en su contrario al mismo tiempo que reorienta las fuerzas productivas de la sociedad (lo que no significa que el comunismo pueda realizar inmediatamente su programa integral, sino que existe un salto cualitativo que hace pasar, potencialmente, la sociedad de una esfera a otra; esta fase de transición política es lo que Marx y Engels han llamado la dictadura del proletariado)

Un partido revolucionario deberá definir las medidas que, *actualmente*, sobre la base del desarrollo de las fuerzas productivas modernas, incomparablemente más desarrolladas que las de 1848, serán necesarias para romper la máquina de Estado y conducir la sociedad hacia una sociedad sin clases.

Estas medidas, que pueden variar de un país a otro y cuya puesta en acción depende por una parte del estado de la relación de fuerzas y de la situación revolucionaria internacional podrán parecerse a estas :

- Disminución drástica e inmediata de la duración del trabajo e integración de un tiempo de formación politécnica (inclusive para aprender a gestionar el semiestado proletario, cuya organización apunta a un máximo de simplicidad) en este tiempo de trabajo.

- Generalización del trabajo y del trabajo manual a todos los miembros de la sociedad en edad y capacidad de trabajar.

- Medidas tendientes a socializar el trabajo doméstico (cocina, menaje, lavandería, guarderías,…)

- Rotación de las tareas y reparto de las tareas colectivas bajo la forma de un servicio civil.

- Desarrollo de sectores públicos basados en la gratuidad de los servicios (salud, educación,...)

- Requisa de alojamientos con el fin de mejorar inmediatamente la situación de los mal alojados.

- Armamento del proletariado, creación de milicias que aseguren las tareas

- Traspaso a las manos del Estado de los bancos, seguros y creación de una entidad única. – Puesta en marcha de una planificación y contabilidad sociales con el fin de repartir la fuerza de trabajo entre las grandes ramas de la industria.

- Traspaso a las manos del Estado proletario de las grandes empresas.

- Medidas apuntando a favorecer la agrupación de las pequeñas empresas en entidades más vastas y mutualización de los medios para permitir el aumento de la productividad social, una de las condiciones de la disminución del tiempo de trabajo.

- Prohibición del trabajo nocturno y del trabajo por turnos, dónde no sea estrictamente necesario (salud, seguridad...)

- Cese del desarrollo de construcciones en las grandes ciudades y su aglomeración. Medidas apuntando a reconciliar la ciudad y el campo. Desarrollo de una fuerza de trabajo en la agricultura, los bosques, la mar.

- Supresión de los impuestos indirectos, impuesto progresivo sobre la renta, abolición de la herencia; puesta en marcha de una contramarca social basada en el tiempo de trabajo (el equivalente de los bonos de trabajo promovidos por el marxismo en el siglo XIX) para gestionar el consumo individual. Esta contramarca no es dinero, pues no puede acumularse y asalariar a la fuerza de trabajo.

- Responsabilidad y revocabilidad en todo momento de los representantes elegidos.

- Renta de los representantes igual al salario medio.

- Supresión del parlamento, desmantelamiento de las administraciones de estado y de las administraciones locales para restituir la gestión de la vida social a la comunidad de los productores asociados. Puesta en marcha de consejos sobre una base territorial (soviets) a cargo de la administración de la sociedad y que reúnan los poderes ejecutivo, legislativo y judicial.

- Unificación de todos los países que hayan hecho la revolución y abolición de las fronteras.

- Puesta en marcha desde la edad más joven de una educación que combine los aprendizajes fundamentales, el trabajo manual, el deporte y la creatividad y la participación a la vida colectiva.

- Separación draconiana de la iglesia y del estado. Envío de la actividad religiosa a la esfera estrictamente privada.

Conclusión

El modo de producción capitalista ha jugado un papel crucial en el desarrollo de la humanidad: Al desarrollar la productividad del trabajo, el maquinismo, al crear el mercado mundial, al unificar cada vez más las condiciones de la producción y del cambio, y sobretodo, al crear una clase internacional, el proletariado, capaz de tomar en sus manos el aparato productivo y llevar a la sociedad hacia una sociedad donde no subsisten ni explotadores ni clases sociales. El modo de producción capitalista ha así creado las condiciones para el paso a una sociedad superior.

La continuidad del modo de producción capitalista, su supervivencia, su toma de posesión de todos los medios de producción y de vida, la continuación de su carrera loca son grandes desastres para la humanidad. Al proseguir el desarrollo de la productividad del trabajo, el capital prosigue su carrera hacia el máximo de plusvalía, somete una masa creciente de proletarios al mismo tiempo que el desarrollo de sus resortes productivos los echa a la calle. Al arruinar las otras formas de producción, crea igualmente una situación en qué ni los centenares de millones de campesinos africanos, chinos, brasileños, mejicanos, etc. ni los millones de parado y excluidos de Europa y de los Estados Unidos no podrán encontrar una plaza en una sociedad que reposa sobre la explotación del proletariado.

Cuando existen todas las condiciones para crear un marco de vida armonioso para la humanidad, hambrunas, crisis, guerras y otras catástrofes están en el menú del siglo que comienza. Sólo el proletariado puede levantarse para derribar el orden actual e instaurar la sociedad sin clases: el comunismo.

DISCURSO DE ROBIN GOODFELLOW EN EL 11° CONGRESO DEL SINDICATO DE METALURGICOS DE CAMPINAS Y DE SU REGION CON MOTIVO DEL LANZAMIENTO DE LA VERSION DE ESTE LIBRO EN PORTUGUES

Introducción

Este discurso fue pronunciado ante 500 delegados que representaban a 200.000 obreros, en su mayor parte metalúrgicos de Brasil, organizados en el "Sindicato de metalúrgicos de Campinas y región", para la construcción de la Intersindical (http://www. metalcampinas.com.br/)

Durante el congreso, 2.000 ejemplares de nuestro libro fueron impresos y difundidos gratuitamente a iniciativa del sindicato.

Texto del discurso

Camaradas,

Ahora nos presentaremos con mas detalle y os presentaremos el libro titulado « *El marxismo resumido. De la crítica al capitalismo a la sociedad sin clases*». *Robin Goodfellow* es el seudónimo de un pequeño grupo de militantes de diversos países (Francia, Brasil, España...) que se dedica desde hace 40 años a la defensa de la teoría y de los principios marxistas. Nos situamos en la tradición del marxismo revolucionario que se afirma con la publicación del Manifiesto del Partido Comunista. Consideramos que esta teoría es la única que no solamente nos proporciona una explicación coherente del mundo, de las tendencias de la economía capitalista, sino que nos da una orientación para las luchas prácticas por la emancipación del proletariado.

¿Que nos enseña el marxismo?

Nos demuestra que:

Cualquiera que sea la determinación del proletariado en sus luchas cotidianas
Cualesquiera que sean los resultados obtenidos a través del combate cotidiano por la reivindicaciones y los derechos
Cualquiera que sea la «prosperidad» de la economía capitalista y la posibilidad para el trabajador de mejorar su estado
Cualquiera que sea el progreso científico y técnico y sus promesas generales de mejora de las condiciones de trabajo y vida…

...el capitalismo no puede ofrecer a largo plazo, de manera duradera, una vida segura, un nivel de vida suficiente, un futuro sin miedo a lo que vendrá, para los trabajadores y sus familias.

Por el contrario, los factores que hemos enumerado se revuelven contra el proletariado:

- el alza de salarios y la lucha de clases potencian la automatización, la cual implica desempleo;
- la buena salud de la economía capitalista no es mas que una forma de crear cadenas doradas para el proletariado, degradando su salario relativo;
- a la momentánea prosperidad suceden de forma necesaria crisis que desbaratan lo que pueda ser ganado en las fases de desarrollo;
- en cuanto al progreso técnico y científico, va dirigido directamente contra el proletariado a fin de incrementar y refinar su explotación

Y esto ¿por que?

Porque el capital, como el marxismo demuestra, únicamente tiene un objetivo: la producción de un máximo de plusvalía, un máximo de trabajo gratuito, para repartir acto seguido esta plusvalía entre las diferentes fracciones de las clases explotadoras, el capitalista industrial, el capitalista comercial, el capitalista financiero, el propietario inmobiliario, sin olvidar al Estado.

Nada de lo obtenido es definitivo, ningún derecho, ninguna « reforma » pueden considerarse como obtenidos. Para tener la seguridad de obtener esta vida sin miedo del futuro, el proletariado debe asegurar para sí mismo la dirección de la sociedad.

Esto implica el fracaso del reformismo. Las posiciones reformistas, los compromisos con la burguesía o con su estado tienen como único resultado la parálisis del proletariado y la derrota en las luchas. Pero, junto con este objetivo histórico que se debe siempre recordar y defender ¿cual ha sido la situación tras 40 años? ¿En que período del desarrollo económico del capital nos situamos?

En 1975, la burguesía occidental estaba como alelada. La primera gran crisis de la postguerra, una crisis que no se podía negar, se había manifestado. Los economistas, los periodistas y los políticos se apresuraron a culpar de la misma a un choque externo, concretamente al alza del precio del petróleo, esperando que esto no volviera a producirse. La crisis fue denominada « crisis del petróleo », a fin de no llamarla « crisis de sobreproducción », crisis específica del modo de producción capitalista. Se evidencia así en 1975 un ciclo de alrededor de 6 años, ciclo que comienza a finales de la segunda guerra mundial, pero cuyas manifestaciones habían sido hasta entonces menos potentes.

Esta crisis provocó una serie de reestructuraciones y una nueva división internacional del trabajo, que afectaron al aparato productivo. Como resultado de este movimiento, la burguesía occidental experimentó un gran alivio, porque una divina sorpresa la aguardaba: las cifras mostraban que el número de individuos que la estadística burguesa consideraba como obreros disminuía. Con gran satisfacción, saca inmediatamente la conclusión de que el marxismo estaba definitivamente refutado. Empieza a soñar con empresas sin proletarios, con plusvalía sin trabajo asalariado y sin lucha de clases.

Mas tarde, cuando bajo la necesidad de integración en el mercado mundial y la presión del imperialismo americano, los falsos socialismos de Estado de Europa reconocen su verdadera naturaleza, un nuevo vértigo se apodera de la burguesía. Se lanza en cuerpo y alma a la reorganización del mercado mundial, al desarrollo capitalista acelerado de zonas en las que las fuerzas productivas tenían un gran porvenir. Esta búsqueda nuevos mercados, de nuevos beneficios, de producción de mercancías a precios mas bajos y, con ella, la perspectiva de producir mas plusvalía relativa tenía que engendrar efectos colaterales. Por un lado, una parte de la burguesía se hace cosmopolita, vinculada por relaciones internacionales. Por otro lado, las viejas burguesías nacionales se encuentran amenazadas mientras que se desarrollan nuevas burguesías nacionales en los Estados más jóvenes. Pero alcanzan acuerdos, en tanto que se trata de domeñar al proletariado.

Frente a esta nueva competencia, los viejos Estados capitalistas no supieron mantener la paz social mas que endeudándose. El endeudamiento fue la solución que encontraron para sostener la producción de plusvalía enfrentada a las crisis que ahora se repetían regularmente. Hoy, la droga del endeudamiento y del exceso de crédito ha alcanzado tal grado de normalidad que la simple amenaza de su reducción provoca convulsiones. Por un lado, los Estados Unidos de América, aplicando su talón de hierro sobre los riñones de los pueblos del mundo, continúan viviendo a crédito, sabiendo perfectamente que jamás devolverán su deuda. Por otro lado, en la vieja Europa, las burguesías cortas de luces y belicistas, afectadas por los desastres de dos guerras mundiales que fueron necesarias para abatir al proletariado y regenerar el capital, intentan superar los Estados Nacionales (creación de la Unión Europea y del euro). Aunque estos hechos sean históricamente importantes, esas burguesías actúan como un conjunto desestructurado y no como un conjunto político.

En cualquier caso, tanto los Estados Unidos como Europa se encuentran prisioneros de su inconsecuencia cuando llega, en 2007-2008, la mayor crisis desde 1929.

La Europa que reúne al 10% de la población y el 40% de los gastos sociales es sede de una intensa lucha para hacer pagar al proletariado el coste de la incapacidad de la burguesía para dirigir las fuerzas productivas sociales. Por todos los medios, esa burguesía intentará trasladar el nivel de vida del proletariado a un nivel medio y si fuera posible a uno aún menor.

Mirad que sucede en Europa, en particular en los países del sur como Grecia, España, Portugal, Italia. En estas regiones (pero también en Francia y en Alemania) la clase capitalista experimenta con medidas para ver hasta que punto es posible hacer retroceder al proletariado. La burguesía internacional y sus grandes instituciones (FMI, Banco Mundial ó Banco Central Europeo) no tiene elección y hace de estas regiones un gran campo de batalla y de experimentación :

¿Un descenso global de salarios del 15% es posible?
¡Si, es posible!
¿Es posible mantener en paro a la mitad de la juventud trabajadora?
¡Si, es posible!
¿Es posible expulsar a los obreros de sus viviendas?
¡ Si, es posible !
¿Es posible degradar el sistema de salud y el sistema de enseñanza?
¡Si, es posible!
¿Es posible aumentar el tiempo de trabajo, retrasar la edad de jubilación y disminuir el importe de las pensiones?
¡Si, es posible !

Y todo ello es posible porque la clase capitalista lleva a cabo su combate, y porque el proletariado europeo deja su destino en las manos de sindicatos amarillos y partidos reformistas. No es consciente de ninguna relación entre las luchas de defensa inmediata por la supervivencia cotidiana, los salarios, las condiciones de trabajo, la salud, la educación y el necesario combate para abatir definitivamente al capital.

Además, se comete un error fundamental cuando se acusa a los banqueros, a las finanzas internacionales, a los « ricos ». Lo que el marxismo nos enseña —y que siempre hay que repetir- es que el sistema, el modo de producción capitalista reposa sobre la explotación del proletariado por el capital industrial. Después, las diferentes fracciones de la clase capitalista se reparten la plusvalía producida bajo diferentes formas: beneficio, renta inmobiliaria, intereses...

Esta ausencia de conciencia del origen de la explotación, esta crítica superficial únicamente del capital financiero, del banquero, ha hecho que todos los movimientos de protesta en Italia y en Portugal hayan permanecido bajo el control de las clases medias, rechazando organizarse sindical y políticamente.

Sin embargo, los capitalistas compiten entre ellos a nivel nacional e internacional; pero gestionan esta competencia colocando a sus propios trabajadores en competencia entre ellos. Esto debe hacer prevalecer como respuesta la unificación y la movilización de la clase explotada: el proletariado.

Pero todos estos sucesos y todos estos ataques tendrán también otra consecuencia: el renacimiento del socialismo en Europa.

Apenas se había enterrado al proletariado y al marxismo, apenas se había decretado el fin del trabajo productivo, cuando la burguesía tomó conciencia de que su Estado solo vive de la plusvalía extraída a los proletarios. Apenas se contabilizaban algunos millones de empleos industriales menos en Europa cuando se producían numerosos centenares de millones mas, en China, en la India, en Brasil, etc. Y una nueva ola se anuncia en otros países, en Asia en el África negra. Y he aquí que, al mismo tiempo que se desarrolla el capital, se desarrolla un proletariado joven, moderno, que no ha sufrido las derrotas de los antiguos, que no está anestesiado por los milagros del crecimiento, que no está hipnotizado por la rutina democrática y que se coloca a la vanguardia del proletariado mundial.

El internacionalismo no es solo para el proletariado un deber, sino una necesidad. En 1864 se celebra en Londres un congreso convocado por los sindicatos, asociaciones y organizaciones obreras ; en el que se funda la Primera Internacional. Pero, en aquella época, el campo de batalla estaba principalmente en Europa (Inglaterra, Francia y Alemania), mientras que hoy es el mundo entero, con una enorme potencia de la clase proletaria que representa una fuerza inmensa a nivel internacional. Por esta razón es muy importante que este proletariado mundial encuentre un camino autónomo, se libere de la influencia de los sindicatos amarillos y de los partidos reformistas para afirmar sus fines, dándose como meta conquistar el poder político y destruir el Estado burgués.

¿Cual es la situación en el mundo actual respecto de este objetivo ?

Innegablemente, la última crisis cíclica de 2007-2008, la mas grave desde 1929, ha producido una ola de agitación de desigual alcance a nivel internacional, pero que anuncia futuros combates. En los países árabes, la lucha ha sido principalmente política, con el objeto de conseguir regímenes democráticos que, hasta cierto punto, favorecen la libre organización del proletariado (libertad de prensa, de organización de reunión, etc.). Desde hace mas de dos años, la dinámica de estas luchas no ha terminado y numerosos acontecimientos están por venir, siendo el mas importante la necesaria movilización de las masas obreras de las grandes ciudades proletarias de Egipto, de Túnez y de otros países árabes. La influencia de la denominada « primavera árabe » se ha hecho sentir en el mundo entero, en el sentido de que ha demostrado que las ocupaciones de plazas y calles, la movilización permanente, la organización en los barrios, eran formas importantes de luchas, pero sin que emerja un movimiento obrero autónomo capaz de dirigir la lucha. Los obreros estaban en las calles y en las luchas, pero dirigidos por clases medias modernas, incluyendo los jóvenes de las clases medias recientemente salidos de la condición proletaria, con estudios, etc., pero que no veían su futuro en un sistema capitalista que les deja de lado.

Hemos visto este tipo de movimiento en España, en Portugal, en Grecia, en Italia y en los EEUU, y mas recientemente en Turquía y en Brasil. El problema es que estos movimientos no ven que el único futuro de la humanidad reside en la abolición de las clases sociales para desarrollar una sociedad en la que nadie pueda apropiarse del trabajo de otros. Además, los llamados sindicatos y partidos de « izquierda » no asumen desde hace mucho tiempo esta postura, defendida por el marxismo y que nos muestra el único camino de lucha.

En Francia, el nivel de la lucha de clases es en la actualidad particularmente bajo. El proletariado se muestra apático, y reina un fatalismo en cuanto a los efectos de la última crisis. Por el momento, Francia no conoce medidas tan drásticas como las aplicadas en España o en Italia y, en consecuencia, se dan pocas movilizaciones. Cuando hay luchas, por ejemplo con motivo del cierre de fábricas, estas son rápidamente controladas por las fuerzas reformistas que impiden tanto el desarrollo de las luchas como su extensión a los diferentes sectores del proletariado para llegar a una crítica mas general del capital.

Aunque sea sin ilusiones, las últimas elecciones han llevado al poder a una coalición de izquierda (socialistas, ecologistas), cuyo papel es recubrir con una capa « social » las medidas que deben dirigirse contra el proletariado. Por ejemplo, se prepara para septiembre la vuelta de una ofensiva contra las pensiones que continúa una política idéntica a la realizada por la derecha hace tres años. Por su parte, los proletarios están preparados para ver con sus ojos la auténtica naturaleza de este poder, pero aún sin sacar las conclusiones sobre la necesidad de organizarse por si mismos y retomar el camino de la lucha de clases.

Estamos en un momento de vacío en todos los sitios: el potencial de revuelta es enorme porque cada día el modo de producción capitalista demuestra su inutilidad, la imbecilidad de su organización, el camino catastrófico del modelo de desarrollo que propone. La competencia entre los Estados imperialistas solo puede llevar, finalmente, a una guerra mundial de terribles consecuencias. Pero para que este potencial se active será necesario reencontrar el camino de la lucha de clases, sin concesiones, con un objetivo claro y radical; únicamente el proletariado puede llevar a cabo una lucha así. En ella, los países reciente y profundamente industrializados como Brasil, China o India disponen de una enorme energía para lanzar importantes movilizaciones. En China la cuestión democrática proporcionará un fuerte impulso a la lucha de clases. Esperamos mucho de la revolución democrática que no dejará de sacudir China en los próximos años y estamos convencidos de que el proletariado tendrá un gran papel que jugar para abatir a la clase dirigente.

Tenemos colectivamente, con la teoría de Marx y de Engels, potente arma que no ha sido superada en el siglo y medio transcurrido desde la publicación del Manifiesto del Partido Comunista. Al contrario, todas las vías catastróficas del capital, todo el desarrollo contradictorio de una inmensa riqueza y una infame miseria a la vez, todo ello confirma la validez de estos análisis. Pero esta teoría debe ser aplicada a las realidades del momento, a la situación económica y política internacional, a la relación actual de fuerza entre las clases y especialmente entre la clase proletaria y la burguesía internacional.

En todo el mundo, la crisis de 2008 ha traído un aumento del interés por Marx, presentado como un economista genial que habría previsto las crisis. Pero para Marx la crisis es la expresión del hecho de que el capitalismo esta atravesado por contradicciones insolubles, que es un modo de producción ineficaz para llevar la sociedad a un estado de bienestar, y que su misma existencia amenaza ahora la supervivencia de la humanidad. No se puede disociar el análisis económico, que describe el funcionamiento de la explotación, de las conclusiones revolucionarias que muestran que el mismo capitalismo desarrolla las condiciones para el desarrollo, mañana, de una sociedad sin clases y en donde la explotación habrá desaparecido. Así, el socialismo no se "construye" sino que se libera de las ataduras de la sociedad burguesa.

Camaradas, es necesario tener una teoría para guiar la acción. Es necesario tener una teoría correcta. Es necesario mantener la coherencia y la fuerza revolucionaria de la teoría que ha guiado al proletariado en sus luchas a través de la historia.

Todo obrero consciente debe también estudiar, leer, formarse en la teoría revolucionaria. ¡De esa manera, camaradas, este libro es un arma! Un arma para reforzar nuestra capacidad de lucha colectiva contra el capital. La lucha cotidiana debe forzosamente llevar a luchas mas vastas, mas profundas, en las que está presente la relación de fuerza sobre la misma definición de la sociedad, del trabajo, de las relaciones de producción. En el curso de estas luchas se dibuja el destino final de la sociedad: o el avance para la liberación de las fuerzas productivas y el fin de la explotación, o la destrucción de la sociedad.

Camaradas, sabemos que Francia aquí, por su historia, por su pasado revolucionario, tiene la reputación de ser un país de luchas en donde los combates de clase son importantes. Pero por el momento, esto no se verifica. El malestar social se expresa a través de un aumento de las tensiones religiosas y un creciente interés por los partidos de extrema derecha, por un rechazo de la política tradicional. Por ello, tenemos mucho que aprender de la situación aquí, de vuestra estrategia y vuestra movilización. A nuestro regreso realizaremos la mayor difusión posible para mostrar a los trabajadores quienes son sus aliados, sus auténticos hermanos de clase, contra todo tipo de reformismo y de colaboración de clase.

Tal vez estemos viviendo un acontecimiento histórico de la mayor importancia, el regreso decidido del proletariado a la escena histórica, los primeros pasos de su renovación, los primeros pasos para su constitución en partido político distinto, los primeros pasos para la reapropiación de su teoría y de su programa histórico. En este caso, será el proletariado del Brasil quien primero habrá abierto la vía de la renovación. Este libro, del que habrá que corregir defectos, constituye pues el primer testimonio de la voluntad del proletariado de existir como clase revolucionaria, de retomar el camino de conquista del poder político a escala internacional, de retomar la herencia gloriosa del proletariado internacional, y mejorarla.

¡Viva la lucha y la unidad internacional de la clase proletaria!
¡Adelante hacia una sociedad sin fronteras ni clases!
¡Proletarios de todos los países, uníos!

Del mismo autor

En francés

Crise du capital, crise de l'entreprise
Aux fondements des crises. Le marxisme de la chaire et les crises
Le marxisme et la république démocratique (por aparecer)

En portuguès

O marxismo em resumo. Da critica do capitalismo à sociedade sem classes.

Otros textos se hallan disponibles en :
www.robingoodfellow.info

Robin Goodfellow Editions
BP 60048
92163 Antony cedex
France
ISBN: 978-2-37161-000-2
Depósito legal: Febrero de 2014

http:// www.robingoodfellow.info
robin.goodfellow@robingoodfellow.info

Titulo: El marxismo en resumen. De la crítica del capitalismo a la sociedad sin clases
Tipo de documento: Texto impreso
Autor: Robin Goodfellow
Lugar de edición: Paris - Barcelone
Editor: Robin Goodfellow
Fecha de edición: Febrero de 2014
Número de pàginas: 87 p.
Presentación: Cubierta en color
Formato : 22,86 cm (9 pulgadas) x 15,24 cm (6 pulgadas)
ISBN: 978-2-37161-000-2
Lenguas: Español (spa)
Impresor: lulu.com
Impreso en Francia
Gráfico de la cubierta: Plancha extraída de The mamals of Australia, de John Gould vía Wikimedia Commons.
El ornitorrinco pertenece al único orden de mamíferos que pone huevos. Simboliza especialmente, para el marxismo, la complejidad de lo real, la humildad que debe conservar la ciencia ante el estado de su conocimiento (su verdad es relativa y provisional) y el hecho de que, en los mundos orgánicos, no existen "hard and fast lines" entre los conceptos. En resumen, el ornitorrinco es una invitación al pensamiento dialéctico.
Venta en línea: lulu.com

www.ingramcontent.com/pod-product-compliance
Lightning Source LLC
Chambersburg PA
CBHW022126280326
41933CB00007B/564